弁護士法人
マイタウン法律事務所

男の離婚術

弁護士が教える「**勝つための**」離婚戦略

講談社

まえがき
～離婚というアウェイでの戦いを有利に進めるために～

男にとって、離婚は決して有利な戦いとはいえません。むしろ、お金のこと、子どものことなど、すべての戦いで不利な状況にあるといってもよく、文字通り「アウェイでの戦い」になるでしょう。

離婚の問題に直面し、情報を得ようとして書店に行くと、離婚関連の書籍のコーナーには淡いピンクやグリーンなどパステルカラーの本がたくさん並んでいます。インターネットを検索してもパステルカラーのサイトばかりが目につきます。そのため、書店の離婚の本が並ぶコーナーや、インターネットの離婚情報サイトに男がうかつに足を踏み入れると、電車の女性専用車両に駆け込み乗車してしまったときのような居心地の悪さを感じるかもしれません。

離婚問題を扱った書籍もインターネットのサイトも、パステルカラーに象徴されるように、その大半は女性のための情報です。男性がこれらの情報を活用するには、いちいち裏返しに考えなければなりません。

そして、いざ弁護士に相談したり、調停で調停委員と話したりしてみると、男の側の訴えはほとんど通らないことに驚くはずです。それ以前の問題として、「家事はほとんど妻がしているなどと口にすれば、男女平等に反するとみなされて不利になるのではないか」とか、「そもそも〝オンナ〟などとうかつに言おうものなら、それだけで心証を悪くするのではないか」とか、一事が万事、不安なことだらけで、口を開くのもおっかなびっくりという人もいるようです。
そんな状況は、まるでルールのよくわからない「ゲーム」に参加したものの、納得がいかないまま、離婚という人生の重大事が決められていくようなものです。

私たちの法律事務所、弁護士法人マイタウン法律事務所が、ホームページ内に設けていた離婚問題相談専門のコーナーに「特集！　男の離婚」のページを作ったのは、2010年のこと。それまで、男性の依頼を受けた離婚案件については、前例にとらわれずさまざまなことに挑戦してきました。もちろん、妻が断りもなく子どもを実家に連れ帰ったまま、会わせてくれないことの不当性を裁判で訴えても、現状維持を良しとする裁判所の厚い壁にはねかえされることもありました。その一方で、好き放題にしていた妻に対する夫側からの慰謝料請求が認められるなど、うまくいったケースもあります。そうやって離婚問題を解決していく中で、多くの男性依頼者が、私たちの事務所に依頼する前に他の事務所に相談し、失望させられていたことも知りました。

本来、訴訟というものは、性別で有利不利が決まることなど、あってはならないはずです。しかし離婚訴訟に限っては、女性側に有利に働くことが少なくありません。そのあたりの事情をよく知っている弁護士の中には、男性からの離婚案件の依頼に対して本気で取り組まないか、最悪の場合は断ってしまう人も少なからずいるのが現状です。

私たちは、少しでもこのような状況を改善したいという思いから、「弁護士や裁判の現状は是正すべきではないか」という問題提起や、「前例にとらわれず訴訟に挑戦しますから、一緒にがんばりましょう！」というメッセージを前述のホームページに掲載したところ、驚くほど大きな反響がありました。離婚をめぐる弁護士や裁判のあり方に愕然とし、打ちのめされてきた男性が、それだけ多くいたということなのでしょう。

多くの人は、もし自分に何らかの問題がふりかかってきたとしても、まっとうに生活している限り、それほど深刻な事態に陥るはずがないという認識のもとに暮らしています。あなたも、「いまの世の中、理不尽で常識はずれなことなどめったに起こらないだろう。万が一問題が起きたとしても、しかるべきところに相談すれば、容易に解決するはず。日本はそういう社会だ」――そんなふうに信頼しているのではないでしょうか。
ところが、ひとたび離婚の問題が発生するとどうでしょう。あなたが日本に住む男性であるなら、その信頼は一気に覆されることになります。どう考えても不合理なことが起こり得ますし、それを弁護士に相談しても、「たしかに不合理かもしれませんが、これが裁判の現状です。あきらめてください」と言われるのがせいぜいです。裁判所に任せておけばおかしなことにはならないだろう、という信頼は見事に裏切られ、どうにもならない状況に追い込まれてしまうかもしれないのです。

こうした現状を踏まえ、本書では男の観点に立って離婚に関する法律制度を解説しています。また、現状の運用について疑問がある場合は、その点を指摘しています。もちろん、運用に疑問があるとしても、実際にはそれを計算に入れて対応しなければなりません。そのうえで、親権や慰謝料など離婚する際に生じるさまざまな問題について、男がとるべき基本戦略を示しました。
実際の離婚における最良の解決方法というのは、それぞれの事情によって異なってきますので、一概に言えないことは確かです。しかし、まず基本となる考え方を理解し、そのうえで臨機応変に現実的な対応をしていくことがよりよい解決につながるものと考え、基本戦略を示すことにしました。
また、離婚に関する調停や訴訟で、あるいは裁判官や弁護士の対応によって生じる、明らかに不合理で悲惨な状況を実際の事例をもとに描いた「離婚のリアルストーリー」を随所に配しました。いずれも、話をわかりやすくするために事例を単純化するなど少しずつ脚色していますが、リアリティのある話ばかりです。各ストーリーの最後には、「どうすればよかった？」というまとめの解説をつけました。ここでは、読者が同じようなケースに陥ったとき、どのタイミングでどのように対処すれば悲惨な結末を回避することができるのか、その対策案を示しています。

とにかく男性側にとっての離婚問題は、ごく常識的と思われる解決を望む場合でも、女性側に有利に転んでしまうことが多いのです。なにしろアウェイでの戦いですので、時にはさまざまな工夫を凝らすことが必要ですし、時間や手間がかかることもあります。本書は、そうした多くの困難があることを前提にしたうえで、悲惨な状況を回避するための有益な情報を盛り込みました。離婚問題に直面する多くの男性の一助になるのはもちろんのこと、最終的には、男性側が本来主張すべきことを主張し、日本の離婚司法をよりバランスのとれた状況にしていくことにつながれば何よりです。

なお、本書は法律の専門家でない一般の方のために書いたものです。法律上正確な表現を心がけると、例外的な場合についても細かく記載したり、「基本的には」「原則として」「一般的に」などの言葉を多用したりしなければならず、文章が煩雑でわかりにくくなることは避けられません。そのため、わかりやすさを優先し、細かな点はあえて省いて説明しています。それによって厳密な法律的観点からは不正確になっている可能性があることを、あらかじめお断りしておきます。

男の離婚術　もくじ

序章　離婚のイロハ

第1章　離婚のステージ別戦略

第2章 知っておくべき「離婚原因」

第3章 離婚とお金

2 慰謝料

第4章 離婚と子ども ～子どもは母親のものなのか～

装丁◉加藤愛子（オフィスキントン）
カバー・本文イラスト◉大久保ナオ登
DTP・図表作成◉山中 央
編集協力◉伊藤淳子

男の離婚術

序章

離婚のイロハ

まずは、離婚に関する基本的な知識と、離婚が成立するまでに経なければならないステップの概略をまとめておきます。ここで離婚に関する大まかな流れをつかんでおきましょう。

◉離婚するには

離婚とは、結婚して夫婦であるという状況から、他人同士になるということです。あなたが離婚を望んでいる場合、離婚が成立するためには、①夫婦双方が同意する（妻の同意を取りつける）、②離婚訴訟を起こして裁判所の判決を受ける（離婚訴訟で勝訴する）のどちらかが必要です。①の場合を同意による離婚、②の場合を判決による離婚（判決離婚）と分けることができます（図1）。

図1　離婚の方法

同意による離婚

協議離婚 ……… 裁判所を通さず、双方での話し合いによって離婚
調停離婚 ……… 家庭裁判所の調停を経て離婚
和解離婚 ……… 訴訟になった後、和解が成立して離婚

判決による離婚

判決離婚 ……… 一方が離婚訴訟を起こし、裁判所の判決を受けて離婚
（浮気、暴力、長期間の別居などの離婚原因が必要）

①については、裁判所を通さず、双方の話し合いによって離婚する「協議離婚」、話し合いがこじれた場合に、家庭裁判所の調停を経て離婚する「調停離婚」、話し合いがこじれて訴訟になった後に、和解が成立して離婚する「和解離婚」の3つがあります。
一方、②の判決離婚については、離婚の判決が下れば、一方が拒否していても離婚は成立します。ただし、判決で離婚が認められるためには、あなたの主張する離婚理由が法律で認められた「離婚原因」にあてはまることが必要になります。離婚原因の典型例は、浮気・暴力・長期間の別居の3つです。離婚原因については、第2章で詳しく説明します。

いずれの方法で離婚する場合も、きちんと取り決めておかなければならないことがあります。それは「お金」と「子ども」の問題です。次にこの2つをどう解決するかを考えていきましょう。

◉離婚とお金の問題

離婚にともない、お金について取り決めておくべきことは、以下の3点です。

①慰謝料
離婚の原因を作った側が支払うべき損害賠償金です。「双方の気持ちが冷めた」など、どちらか一方に非があるわけではない場合は、双方とも支払う必要はありません。

②財産分与
結婚期間中に貯めた預貯金や、手に入れた不動産をどう分けるかという問題です。

③養育費
子どもの生活費です。いわゆる「養育費の算定表」（巻末資料）によって決めるのが一般的です。

①～③のいずれも離婚後に決めることは可能ですが、離婚と同時に決めるのが一般的です。
また別居した場合は、離婚成立までの期間の婚姻費用の問題があります。婚姻費用とは、妻

子の生活費です。なお、妻の収入が夫の収入を上回る場合、その額によっては妻から夫へ婚姻費用を支払うケースもまれにあります。

離婚とお金の問題については、第3章で詳しく説明します。

⦿離婚と子どもの問題

子どもに関しては、まず親権の問題があります。子どもの面倒をどちらがみるのかということです。未成年の子どもがいる場合、親権者をどちらにするか決めないと、離婚はできません。親権について夫婦双方で同意ができない場合は、調停または訴訟で決着することが必要です。

さらに、子どもの親権者とならなかった親が、どのような頻度や方法で子どもと会うのかという、面会交流の問題があります。面会交流の問題は、離婚成立以前の別居の段階でも生じてきます。

離婚と子どもの問題については、第4章で詳しく説明します。

⦿離婚のステージ

離婚のステージは一般に、①協議（話し合い）→②調停→③訴訟という流れで進みます。

①協議
裁判所が関与することなく、夫婦双方で話し合う段階です。ここで決着がついたら、離婚届を役所に提出し、離婚が成立します。

離婚にともなうお金の支払いなどの約束を文書で残したい場合は、離婚協議書という書面を作ります。さらに、支払いの約束を破った場合にすぐ差押えができるようにするために、公証役場で公正証書にすることもあります。

②調停
家庭裁判所で行う話し合いのことです。ここでの話し合いは調停委員が取り仕切ります。調停で決着がつけば離婚が成立し、合意内容に沿って調停調書が作られます。調書が作られた時点で法的には離婚となりますが、戸籍に載せてもらうためには役所に離婚届を提出する必要があります。

③訴訟
調停で話し合いがまとまらなかった場合には、家庭裁判所に訴訟を提起します。調停を経ないでいきなり訴訟を起こすことはできません。

この段階になると、個人で対処するにはたいへんな労力がかかるため、たいていは弁護士に依頼します。裁判所が判決を下す以前の段階で話がまとまれば、和解という形で離婚が成立します。また判決に不服がある場合は、高等裁判所に控訴することができます。

離婚の手続きを進める際の、それぞれのステージに応じた注意事項については、第1章で詳しく説明します。

第1章

離婚のステージ別戦略

序章で紹介したように、離婚にいたるまでには協議、調停、訴訟という3つのステージがあり、それぞれのステージごとに押さえておくべきポイントがあります。特に協議の段階では、相手の出方によってさまざまな対応が必要になってきます。

ここでは、第1ステージ「協議」（その1・交渉が始まった、その2・妻から公正証書を要求された、その3・妻が弁護士を立ててきた）、第2ステージ「調停」、第3ステージ「訴訟」のそれぞれの手続きの意味と、対応上の注意点について説明します。

1 第1ステージ「協議」……その1・交渉が始まった

◉円満に協議離婚

離婚について夫婦で話し合いがまとまり、離婚届を役所に提出すれば、それで離婚となります。実際の離婚の大半は、このような「協議離婚」で成立しています。

図 1-1　離婚協議書の文例

離婚条件

第1条
△山□夫（以下「甲」という）と、△山○子（以下「乙」という）は、協議により離婚することに合意した。

第2条
甲は乙に対し、財産分与及び慰謝料として金○○○万円の支払い義務があることを認め、平成○○年○月から平成○○年○月まで毎月末日限り金○円ずつ合計○○回の分割にて、乙が指定する預金口座に振り込みにて支払う。

第3条
甲と乙は、本離婚協議書に定めるほか、何らの債権債務のないことを相互に確認する。

平成○○年○月○日

（甲）
住所：
氏名：

（乙）
住所：
氏名：

この部分が清算条項

離婚届には、親権者をどうするかについても記載することになっており、その内容は戸籍にも反映されます。ただし、慰謝料や財産分与、養育費といったお金の問題、子どもとの面会交流などについて離婚の際に取り決めたことがあれば、離婚協議書という書面を作成し、その内容を記録しておくことをおすすめします。後日、「言った」「言わない」ということにならないようにするためです。

離婚協議書を作成するにあたり、後になってお金や財産のことでもめないために必ず入れておきたいのが、「清算条項」です。たとえば「本離婚協議書に定めるほか、何らの債権債務のないことを相互に確認する」といった条項です（25ページ図1－1）。清算条項が入っていないと、仮に慰謝料として100万円支払った後で、まだ別の件があったからもう100万円欲しいなどと追加請求される可能性があります。

また、慰謝料などの支払いは、妻が署名捺印した離婚届と引き替えに行うことも大切です。お金を先に支払い、**離婚届は後日もらうということにしておくと、お金だけ払って離婚できないという事態になりかねない**からです。

◉後日の紛争に備えて

前項で説明したのは、夫婦間で話し合いがまとまり、無事に協議離婚できた場合の話です。

もし、話し合いで円満に解決せず、この先まだまだこじれそうな場合には、子どもとお金の問題について、注意すべきことがあります。

まず一つは、妻が一方的に子どもを連れ去らないようにすることです。**妻が子どもを連れて別居を開始してしまうと、その後、あなたが親権を取得することは不可能に近くなるかもしれません。**

ただ実際問題として、外で働いている男性には、妻が子どもを連れて家を出ていくのを阻止することは難しいでしょう。

しかし、あなたが子どもの親権者となることを強く望んでいるのであれば、妻の言動からそうした気配を察知した段階で、何らかの対策をとりましょう。具体的な方法については第4章で説明します。

また、この先別居が始まった場合の婚姻費用（生活費）の負担についても、「婚姻費用の算定表」（巻末資料）で早めに確認しておくことをおすすめします。

住宅ローンを負担していたりすると、算定表で定められた金額を支払うことが事実上困難な場合もあります。裁判所での調停や審判（48ページ）になった際、住宅ローンを考慮し、算定表で定められた額よりも少ない金額に決められることもありますが、必ずしもそうとは限らないのが実情です。支払い不可能な額に決められてしまうと、住宅ローンを解約して住宅を手放し、場合によっては破産を考えるところまで追い詰められることもあります。

そうした事態を回避するためには、別居を始める前に、住宅ローンを考慮した婚姻費用の額で妻と合意しておく必要があります。

妻側から後になって、「この額は夫が一方的に決めたもので、こちらは合意した覚えはない」などと主張される危険がある場合には、合意内容を書面にしておくことをおすすめします。

まとめ

- 離婚の際の取り決めがあるときは離婚協議書を作成する
- 慰謝料の支払いは、離婚届と引き替えに
- 子どもの連れ去り別居に注意する

2 第1ステージ「協議」……その2・妻から公正証書を要求された

⊙公正証書とはどんなもの？

離婚の話し合いも大詰めとなり、条件の話もまとまって、妻がようやく離婚を承諾。この段階で「離婚については受け入れます。ただし、離婚協議書は公正証書にしてください」と言われることがあります。この公正証書とはどんなものでしょうか。

一口で言えば、公正証書とは、公証役場という役所で公証人に作ってもらう公的な文書のことです。

公正証書を作る一番の理由は、養育費や慰謝料などの支払いを確実にするためです。公正証書を作っておけば、約束通りの支払いがなされなかった場合に効力を発揮します。

口約束であっても、法律では約束事は強制的に守らせることになっています。ただし、口約束では約束の中身について証明のしようがないため、相手がしらばっくれてしまえば、現実的には約束を守らせることは難しくなります。

図1-2　公正証書にしておけばお金が回収しやすくなる

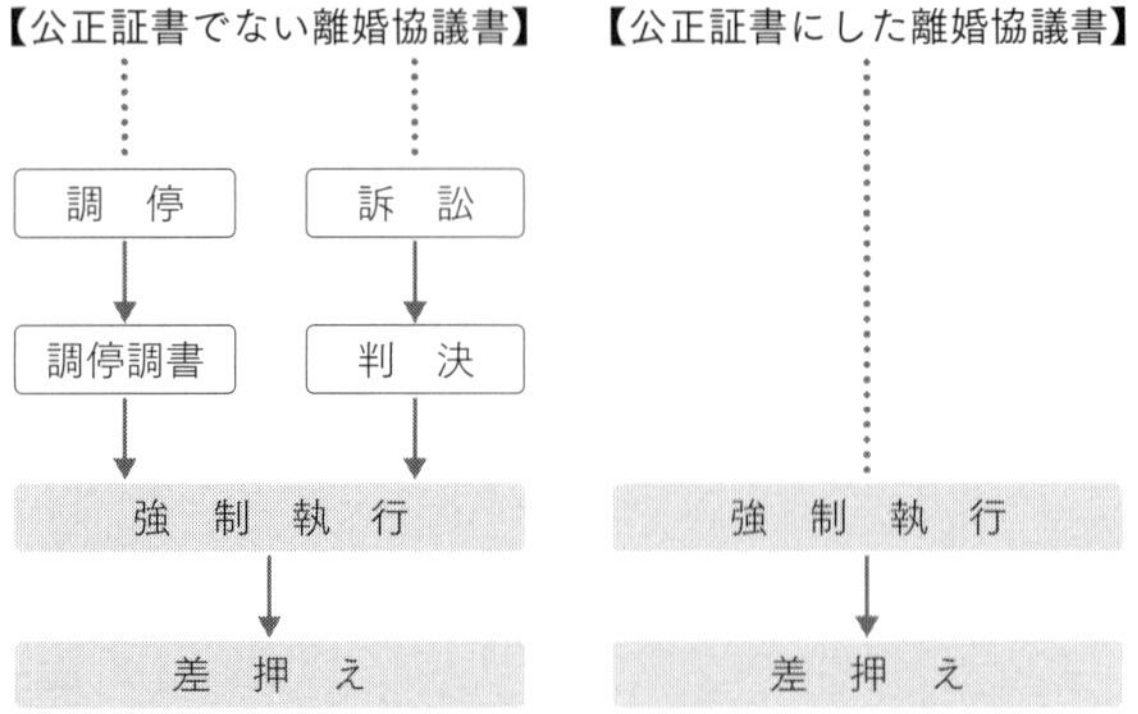

公正証書にしておけば、調停や訴訟を経なくても、裁判所に強制執行を申し立てることができる。

離婚協議書を作成した場合は、口約束とは違って証明が容易になります。とはいえ強制的に支払わせるためには、調停や訴訟をして調停調書や判決をもらい、その上で強制執行を裁判所に申し立てるという手続きが必要で、時間も手間もかかってしまいます。

しかし離婚協議書を公正証書にしておけば、調停や訴訟を経なくても、すぐに強制執行を裁判所に申し立てることができるので、約束事を簡便かつ確実に守らせることができます（図１－２）。

公正証書で金銭の支払いを約束しておくと、支払う側の勤務先がわかっている場合、強制執行の申し立てをすれば給料を差し押さえることができます。相手が不動産を持っていれば、不動産を差し押さえて競売にかけることも可能です。

このように、公正証書を作成すると、お金を請求する側にとっては強制執行の手続きが容易になります。逆に支払う側にとっては、**支払いをやめればすぐに強制執行を受けるという強いプレッシャーを感じる**ため、必然的に支払わざるを得なくなります。その意味で、公正証書にしておいたほうが、支払いがきちんと行われやすくなります。

その他のメリットとしては、公証役場に原本が保管される（原則20年）ので、うっかりなくしても、写しを発行してもらえる点が挙げられます。

◉妻から公正証書作成を求められたら？

以上のように、公正証書はお金を請求する側にとっては非常に有効なものです。ということは、お金を支払う側にとっては逆で、公正証書の作成はあまり歓迎できることではありません。ですから、妻側から公正証書を作ってほしいという話があった場合は、できれば断ったほうがよいでしょう。

あなたが一方的に離婚を望み、何とか妻に離婚に応じてもらいたいといった場合は、妻側の公正証書作成の要求はのまざるを得ないことのほうが多いでしょう。しかし、妻が離婚を望んでいて、あなたがやむなく応じるような場合は、必ずしも公正証書作成の要求をのむ必要はありません。

特に、必要以上に高額な養育費や慰謝料を約束してしまった場合、後日それが過大であることを主張し修正を求めたいと思っても、ひとたび公正証書を作ってしまうと交渉が難しくなります。たとえば、こちらから交渉をもちかけた途端に、相手が給料を差し押さえてくる可能性もあります。そうしたリスクを考慮しながら交渉を進めるのは容易なことではありません。

ですから、離婚に際して公正証書を作りたいという提案を受けたときは、法律事務所や弁護士会による法律相談などを利用して、まず慰謝料や養育費の額が過大でないかどうかを確認しておくことが必要です。

なお、公証人の多くは裁判官や検察官のOBなどで、養育費や慰謝料のおおよその相場はわかっています。しかし、金額についてはあくまで夫婦間の取り決めに基づくことであり、公証人にその点のチェックを期待することはできません。金額の取り決めについても法律相談を利用するなどして、自衛策を講じましょう。

また公正証書を作ることになった場合には、前出の離婚協議書と同様に、「本公正証書に記載したもののほか、何らの財産上の債権債務がないことを相互に確認する」という清算条項（26ページ）を、必ず入れることをおすすめします。

◉離婚届と公正証書

離婚協議書を公正証書にしても、**離婚届を提出するまでは離婚が成立したことにはなりません。**あなたが離婚を望んでいる場合、お金の支払いだけ約束させられて、離婚届は宙ぶらりんにされてしまったということになりかねないため、公正証書を渡すときには、必ず引き替えに妻が署名捺印した離婚届をもらってください。
なお、調停や訴訟など、裁判所の手続きによって離婚し、そこで養育費や慰謝料の支払いについて定めた場合は、すぐに強制執行ができる文書（調停調書・判決）をもらうことができます。そのため、別途公正証書を作る必要はありません。また、訴訟手続きにより離婚が成立しますので、相手から離婚届をもらう必要もありません（この場合、一方が離婚届を書いて役所に届け出ます）。

まとめ

- **公正証書の作成を要求されたら、避けられないかどうかを検討する**
- **公正証書を作成する場合は、清算条項を必ず入れる**
- **公正証書と引き替えに、妻が署名捺印した離婚届を必ずもらう**

3 第1ステージ「協議」……その3・妻が弁護士を立ててきた

⦿妻の弁護士から手紙がきた

妻が出て行き、長く別居状態にあった夫にとって、離婚が現実問題として立ちはだかってくる大きなきっかけは、妻が依頼した弁護士から届く「通知書」です（図1−3）。内容証明のこともあれば、普通郵便のことも、書留のこともあります。たいてい、送り主の弁護士が妻の代理人になったことと、弁護士が窓口になるので妻へ直《じか》に連絡をしないでほしい旨が書いてあります。場合によっては、家庭裁判所に調停を申し立てるという予告が書いてあるかもしれません。

突然そんな通知書を受け取れば驚くのは当然ですが、できるだけ冷静に対処しましょう。なかにはそんな通知など無視して放っておきたい人もいるでしょうが、必ずしもそれが上策とはいえません。仮に放っておいた結果、**妻に一方的に調停を申し立てられてしまうと、あなたの日常生活に支障をきたします。**なぜなら調停の呼び出しは平日の昼間に設定されるからです。

図1-3　妻の弁護士からくる通知書の例

冠省
〇田△子（以下「通知人」）の代理人として、以下の通り離婚の協議を申し入れます。

通知人は、長年貴殿の精神的暴力（モラルハラスメント）に耐え、やめるように懇願しましたが、貴殿は聞き入れることはありませんでした。

そのため、通知人と貴殿は平成〇年〇月〇日から別居し、現在に至っています。

当職といたしましては、近日中に貴殿とお目にかかり、本件の早期解決を目指して協議したく存じます。

つきましては、協議の日程について貴殿と協議したく、当職までご連絡いただきますようお願い申し上げます。

万一、貴殿と協議できない場合は、やむを得ず法的措置をとらざるを得ませんので、予めご了承下さい。

草々

平成〇年〇月〇日

横浜市……
△△法律事務所　０４５（〇〇）〇〇〇〇
〇田△子代理人弁護士　□川〇美

東京都世田谷区……
〇田□夫　殿

ですから、離婚の条件が同じであれば、調停になる前に離婚が成立したほうが負担は少なくてすみます。妻の弁護士が、そもそも調停前に交渉をする気がないのであればどうしようもありませんが、できれば交渉で解決したいと考えているのであれば、あなたも応じることによって、負担が少なくなる可能性があるのです。

そこで、調停のステージに進む前に一度、妻の弁護士と接触して妻側の意向を聞き、納得できる範囲であれば話を進めるということも選択肢のひとつとなります。

ただし、妻の弁護士に一方的に押し切られるという事態を避けるために、あなたにもやるべきことがあります。気持ちが急いていても、提案には即答しないことが肝心です。まずは妻の弁護士の提案を聞き、その提案内容が妥当かどうかを別の弁護士に相談しましょう。あるいは、この段階であなたも弁護士に依頼するという手もあります。そうすると、調停に進んでから弁護士に依頼するより早期に解決する可能性が高まります。

◉弁護士に依頼したくない場合には

弁護士には依頼したくないし、かといって自分だけで妻の弁護士と交渉するのは難しいという場合は、相手の通知書に対して、あえて何の回答もしないという選択肢もあります。

あなたから回答がない場合、妻の弁護士は、妻の意向を反映して調停を申し立てることが多いのです。そして調停になればあなたが直接妻の弁護士とやりとりする必要はなく、話し合いは第三者である調停委員を介することになります。弁護士を相手にひとりで交渉するよりも、気分的にはゆとりができます。

もっとも、妻側に弁護士がつき、**夫は弁護士を立てずに調停に進んだ場合、調停委員が夫を一方的に悪者扱いにした**というケースも少なからず耳にします。あなたの思うように調停が進むとは限りませんので、その点は覚悟する必要があります。

また、妻が「調停はしたくないので交渉してほしい」といって弁護士に依頼した場合は、いくら待っても調停を申し立ててこないこともあります。あなたがそれで構わなければいいのですが、さっさとカタをつけたい場合は、自分から調停を申し立てることが必要になります。

まとめ
- **妻の弁護士の提案には即答しない**
- **調停が始まるまで無回答という選択肢もある**

c o l u m n

弁護士への「相談」と「依頼」

離婚にあたって弁護士に助力を頼む場合には、単に相談するだけの場合と、協議離婚に向けた交渉、調停や訴訟の代理を依頼する場合の２段階があります。

相談だけの場合、弁護士費用は法律相談料のみの１万～２万円程度でしょう。ただし弁護士はアドバイスをするだけで、あなたに代わって妻本人や妻の弁護士と交渉したり、調停や訴訟のために裁判所に出向いたり、裁判所への提出書類を作ったりはしてくれません。

つまり、法律相談以外の時間をあなたのために使うことはありません。

弁護士に交渉や訴訟手続きをしてほしい場合は、別途、依頼する必要があります。弁護士費用は数十万円から、場合によっては100万円以上かかることもあります。

ちなみに離婚を含めた民事事件の場合、弁護士は依頼者の代わりに交渉したり、訴訟をしたりする代理人としての役割を担うのであって、刑事事件のように弁護人の役割を担うわけではありません。

ですから、妻の弁護士からの通知書には、「〇〇を代理して」とか「〇〇代理人」などの言葉は出てきますが、弁護人という言葉は出てきません。

なお、日本の法律に関する資格の中で、離婚の交渉や訴訟の代理人になれるのは弁護士のみです。行政書士、司法書士、離婚カウンセラーといった肩書の人は代理人にはなれないため、あなたの代わりに妻と交渉したり、裁判に出廷したりすることはできません。

4 第2ステージ「調停」

◉調停は話し合いの場

離婚の協議がスムーズにいかないとき、交渉は調停のステージに進みます。調停とは、家庭裁判所で行う話し合いで、夫婦のどちらかが家庭裁判所に申し立て、図1−4（40ページ）のような流れで進んでいきます。

調停はあくまで話し合いであり、出席することに強制力はありませんし、調停で合意しなければならないということもありません。調停で合意したことに強制力はありますが、一方が出席しなければそれまでですし、話し合いがつかないまま終わってしまうこともあります。

離婚については、調停を経ないと訴訟を起こすことができない「調停前置主義」がとられています。「家庭のことはできるだけ家庭内の話し合いで解決するほうがよい。だから、訴訟手続きの前に、まずは話し合いをするべきだ」という考え方からです。

たしかに、離婚は性生活や親族関係の問題など非常にプライベートな内容を扱うので、まず

図 1-4　離婚調停の流れ

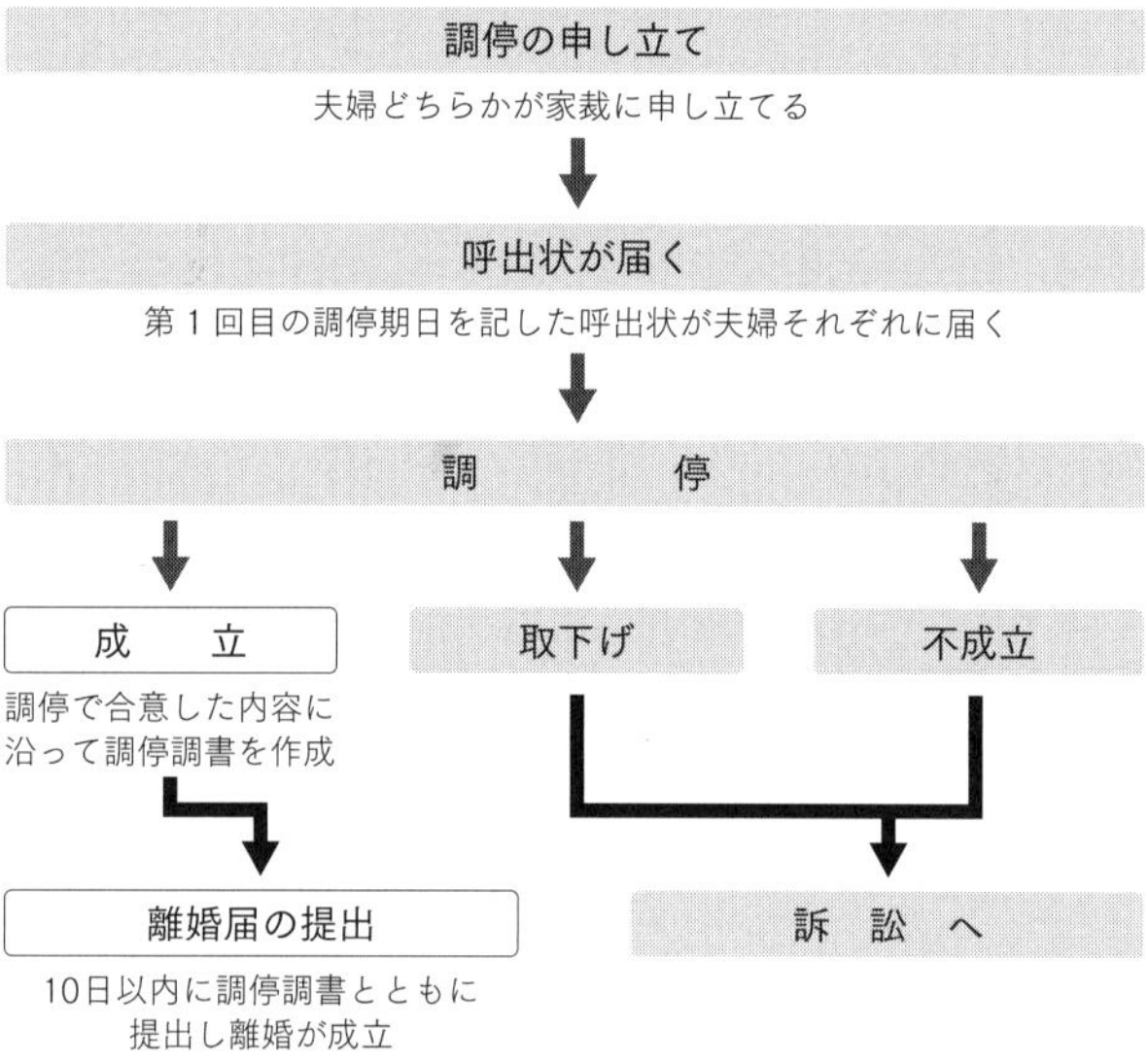
調停の申し立て
夫婦どちらかが家裁に申し立てる
呼出状が届く
第 1 回目の調停期日を記した呼出状が夫婦それぞれに届く
調　　　停
成　　立
調停で合意した内容に
沿って調停調書を作成
取下げ
不成立
離婚届の提出
10日以内に調停調書とともに
提出し離婚が成立
訴　訟　へ

は個室でじっくりと話し合える調停のほうが向いているかもしれません。訴訟になると誰でも裁判を傍聴することができますし、判決では法律に根拠がない判断はできないので、柔軟な解決も困難になります。

また、調停の段階で話をまとめたほうが費用や時間を節約できますので、調停を軽視せず、しっかり話し合ったほうがいいでしょう。

とはいえ、**調停の場では妻と対面して直接話し合うことができるわけではありません。**双方の言い分は調停委員を介して伝え合うことになります。「第三者を介しての話し合いでは、本当に話したいことは話せない」というストレスを感じることもあるかもしれません。ただ、この段階にまできたら、面と向かって妻と話し合う機会を持つことはあまり期待できなくなります。ストレスはあるかと思いますが、調停委員を介して、あなたの考えを伝えられるようにする必要があります。

◉調停のいろいろ

離婚調停は、正式には「夫婦関係調整調停」といいます。夫婦が仲直りするための調停も、離婚するための調停も、どうするか迷っている場合の調停も、すべて夫婦関係調整調停です。

一方、婚姻費用、子どもの監護権（離婚までの間、どちらが子どもの面倒をみるのか、172ページ）、面会交流などについては、夫婦関係調整調停とは別に、婚姻費用分担調停、子どもの監護権者指定調停、面会交流調停などで話し合うことになります。

これはたとえば、「子どもの監護や面会交流、婚姻費用のことは調停で決着したうえで、調停で解決しなかった離婚や慰謝料、財産分与、養育費のことについては訴訟で決める」というように、それぞれ別々に決着させることのできる問題だからです。

ただし、離婚調停や離婚訴訟では、養育費・慰謝料・財産分与についての調停や訴訟を同時に行うケースがほとんどです。もちろん、離婚調停だけを進めておき、離婚することが決まった後、慰謝料や財産分与などの金銭的な問題はその後の調停で決めるということも可能です。

また、すでに離婚してしまった後に、養育費の増減額や親権の変更などについて、調停で話し合うケースもあります。

⦿調停はこんなふうに進行する

調停は通常、男女2名の調停委員が取り仕切ります。

夫婦のどちらかが調停を申し立てると、家庭裁判所から夫婦双方に呼出状が送られ、同じ日時に双方が呼び出されます。そして、調停委員が夫婦を交互に調停室に呼んで言い分を聞き、話がまとまるように双方を説得していきます。

相手が調停室で話している間は待合室で待ちますが、待合室は個別に用意されていて、待っているときに夫婦が鉢合わせしないように配慮されているのが通常です。

たとえば10時に調停が始まると、「まず相手方（申立人）の言い分から聞きますので待っていてください」と言われます。10時半ごろまで待っていると調停委員が呼びに来て、こちらの言い分を11時ごろまで聞いてくれます。そして、また妻の言い分を11時20分ごろまで聞いて……ということを繰り返し、次回の日程を決めて終わります。

ほとんどの裁判所では、申し立てた側の言い分から先に聞くことになっています。ですから妻の言い分が先に聞かれたとしても、そのためにあなたが不利になることはありません。

妻の話を聞いている時間ばかり長くて、こちらの話を聞いてもらう時間は短い、というのもよく聞く話ですが、これに関しても、あなたの不利になることはありません。同じことを話すのに10分ですむ人もいれば、30分で半分も話せない人もいるという程度の違いです。もしかしたら、調停委員がこちらの言い分に従って相手を説得しているために時間がかかっているのかもしれません。忙しい中をせっかく出てきたのに、相手にばかり時間を費やされては腹も立ちますが、結果への影響は心配無用です。

なお、たまに話が膠着状況になったときに、調停委員が「評議します」と言ったまま30分以上呼び出しがないこともあります。これは、調停委員が「どのように話し合いを進めるべきか」「打ち切ったほうがいいのか」などと悩んだときに、裁判官に相談している時間です。裁判官は、その時間に行われている多数の調停案件に同時に対応しているため、調停委員からの相談が集中した場合は順番待ちとなり、けっこうな時間がかかってしまうことがあるのです。

◉調停は妻による嫌がらせ？

裁判所によって調停が行われる時間帯はさまざまですが、午前10時から12時、午後１時から3時、３時から5時の３コマ、もしくは午前と午後の２コマを用意していることが多いようです。そして困ったことには、調停は平日にしか行われません。

本書の読者のみなさんは、平日の日中は仕事をしている方が大半でしょう。にもかかわらず平日の日中に何度も呼び出されては、仕事に支障をきたします。呼び出しが度重なり、「平日の昼間に呼び出されるなんて、妻の嫌がらせに違いない」という人も少なくありませんが、これは裁判所の都合なのでしかたがありません。あなたができることは、せいぜい事前に裁判所に問い合わせて、どの程度の拘束時間があるのかを確認して仕事の予定を調整する、といった程度です。

ですから、**結果的には嫌がらせに近い効果がある場合もあり、それを見越して調停を申し立てている妻もいます。**

「これが続くのが嫌ならば、私に有利な条件で離婚を認めなさい」という妻からの圧力です。もちろんあなたには、高い慰謝料を払って離婚するという選択肢もあれば、時間をやりくりして根気強く調停を続けるという選択肢もあります。

調停を早々に打ち切るほうがよいのか、じっくり付き合うほうがよいのかは、あなたの希望と、裁判になった場合の見通し、離婚が長期化することによるあなたの負担などによって変わってくるので、一概にはいえません。

⦿調停委員はどんな人？

「調停委員が妻側の言い分ばかりを聞き、自分は一方的に悪者にされている。不公平だ！」というのは、とてもよく聞く話です。実際にそういうことがあるのかもしれません。しかし、私たち弁護士が夫と一緒に調停に出る場合には、そういう印象を受けることはほとんどありません。先にひとりで調停委員と面談したことのある依頼者の中には、「調停委員が一変した、まるで別人のようだった」と言う人もいます。

私たち弁護士は、調停委員の不公平な対応を見ていないので、なぜそのような対応をするのか、そこには深い意味があるのかどうかを分析できません。ここでは、参考までに調停委員がどのような人なのかについて説明しておきます。

現在、日本に離婚を担当する家事調停委員は１万２２２５人います（２０１２年4月現在）。年齢別にみると、約7割が60代、２割が50代です（46ページ表１－１）。専門的な知識や社会生活上の豊富な経験を持つ人の中から、最高裁判所によって選ばれています。

日本調停協会連合会のホームページによれば、弁護士や医師、大学教授などの専門家のほか、保護司、カウンセラーなどが携わっているそうです（46ページ表１－２）。その多くは、専門知識をもち人生経験を重ねてきた、信用に足る人物ということになるとは思います。ただし、人々のもめ事を円満に解決したいという志の高さから、自分で描いたストーリーにそって強引に解決を図ってしまうということはあるかもしれません。

なお、調停委員には何の権限もありません。調停委員から、変な人だとかわがままな人だと思われたとしても、不利益はほとんどありません。相手が裁判官なら、悪い心証を与えることにより不利な判決がなされるリスクを考えなければなりませんが、調停委員についてはこのようなリスクはありません。
ですから、「こんな要求をしたら、身勝手でわがままだと思われないだろうか」「前回、言わなかった要求を付け加えると心証が悪くなるかもしれない」などということは、基本的に気にする必要はありません。どう思われようと、言うべきことはしっかりと伝えたほうがよいでしょう。

表 1-1　家事調停委員の年齢別員数

	員数	%
70歳以上	33	0.3
60歳代	8,485	69.4
50歳代	3,009	24.6
40歳代	674	5.5
40歳未満	24	0.2
計	12,225	100.0

表 1-2　家事調停委員の職業別員数

	員数	%
弁護士	1,284	10.5
医師	110	0.9
大学教授など	257	2.1
公務員	176	1.4
会社・団体の役員、理事	1,183	9.7
会社員・団体の職員	491	4.0
農林水産業	172	1.4
商業・製造業	177	1.5
宗教家	277	2.3
公認会計士・税理士・不動産鑑定士・土地家屋調査士など	2,066	16.9
その他	945	7.7
無職	5,087	41.6
計	12,225	100.0

注：表 1-1 は特命時点の年齢で区分
表 1-1、表 1-2 とも 2012 年 4 月 1 日現在
（公益財団法人日本調停協会連合会 HP より）

もっともこれは、あくまでも離婚調停を有利に運ぶうえでの心構えです。個人の美学として そんなことはしたくない、ということであれば、あえてその美学に反する振る舞いを推奨するわけではありませんので、念のため。

◉調停を〝蹴ったら〟どうなる？

調停の終わり方には３つあります（40ページ図１－４）。まず、話し合いがまとまった場合は「成立」です。次に、話し合いがまとまらなかった場合は「不成立」です（「不調」ともいいます）。また、調停を申し立てた側が申立そのものをやめる場合は「取下げ」となります。

調停が煮詰まってきたときに考えておかなければならないのは、「この調停を蹴ったらどうなるか？」ということです。蹴るというのは、「奥さんがこの条件をのめば離婚すると言っていますが、どうしますか？」といった調停委員の勧告や提案をすべて拒否し、「この調停は不調に終わらせてください」と答えることです。また、申し立てた妻に調停を取り下げてもらうということも考えられます。

まず、離婚そのものについての調停（夫婦関係調整調停）の場合、これを蹴ったら訴訟のステージに進むことを考えなければなりません。訴訟になった場合のデメリットは、以下の３つが考えられます。

・訴訟になると通常は弁護士に依頼するので、その費用がかかる
・控訴により、訴訟が高等裁判所に移行する場合のことまで考えると、1～2年はかかる
・その間に支払う婚姻費用はかなりの額になる
もちろん、離婚を求めているのか、求められているのか、親権・慰謝料・財産分与のうち問題はどれかなどといった条件によって、訴訟になった場合の見通しは変わってきますから、具体的に考える必要があります。

なお、慰謝料・親権・養育費についても、調停が不調に終わった場合は離婚の訴訟で決着をつけるという流れが一般的です。

また、婚姻費用についての調停（婚姻費用分担調停）、離婚が決まるまでの子どもの監護権の問題や、離婚後の養育費の増減額、親権の変更については、不調に終わった場合は審判に進みます。審判とは、調停での話し合いの記録や双方から提出された書類をもとに裁判官が判断し、決定を下す手続きをいいます。

なお、訴訟、審判のいずれに進んだとしても、裁判所での話し合いによって決着する可能性も十分あります。訴訟・審判になったが最後、裁判官の一方的な裁定を待つしかない、というわけではないのです。

以上のケースとは別に、**相手が無理な要求を意固地になって続けているような場合、強制力**

のない調停ではどうすることもできません。訴訟や審判に進めて、強制力をもった裁判官によって強力に相手を説得してもらったほうが早い場合もあります。

◉調停が成立したら……

調停が成立して調停調書が作成された時点で、離婚は成立しています。しかし、それだけでは戸籍に記載されません。裁判所が役所の戸籍係に連絡して手続きをしてくれるわけではないのです。

戸籍に記載してもらうためには、調停成立後10日以内に、調停を申し立てた本人が「離婚届」と「調停調書の謄本」を役所に提出しなければなりません。

ここで「あれっ？」と思ったあなたは察しがいい人です。妻が申立人のケースで、思っていたほど慰謝料がとれずに離婚を成立させてしまったのを後悔し、「離婚届を出してもらいたかったら条件を変えなさいよ！」などと言ってきたときは、どうしたらよいのでしょうか？

心配ご無用です。申立人（妻）が届出期間内に離婚届を提出しなかった場合には、相手方（夫）から提出することもできます。

離婚届の用紙は、協議離婚の場合と同じものを使います。すでに調停が成立しているため、証人の署名捺印は必要ありません。

では、あなたも仕事が忙しくて休みがとれず、提出期限をオーバーしてしまった場合はどうでしょうか。その場合も離婚そのものは無効とはなりません。ただし行政処分として5万円以下の過料が科されることになっているので、期限は守りましょう。

まとめ
- 調停にはできる限り出席する
- 自分の言い分は調停委員にしっかり伝える
- 調停が不調に終わった場合は、訴訟や審判で決着をつける

5 第3ステージ「訴訟」

◉訴訟に進んでしまう場合とは？

離婚の話が、もつれにもつれた最終段階が、家庭裁判所で行う離婚訴訟です。訴訟に進んだうえで、話し合いで離婚するのが和解離婚、判決によって離婚するのが判決離婚です。

「さすがに訴訟まではしたくないな……」と思う方も多いことでしょう。実際、厚生労働省の人口動態統計による２００８年のデータをみると、協議離婚が全体の87・9パーセント、裁判所を通した離婚のうち、調停離婚が９・７パーセント、訴訟のステージに進んでも話し合いによって離婚にいたる和解離婚が１・４パーセント、判決離婚が１・０パーセントです。つまり、裁判沙汰になる離婚は全体の２・４パーセントにすぎません（52ページ図１－５）。

では、裁判沙汰にまで進んでしまうのはいったいどんな場合なのでしょうか？　よくみられるのは、以下のような３つのケースです。

①どちらかが「どうしても別れたくない」場合

協議や調停では、双方の合意が得られないと離婚は成立しません。一方が離婚したくない状況で、もう一方がどうしても別れたい場合は、訴訟に進むしかありません。

②親権を争う場合

離婚するには、子どもの親権者を夫か妻のどちらかに決める必要があります。離婚に同意し

図1-5　裁判所を通した離婚の種類別割合

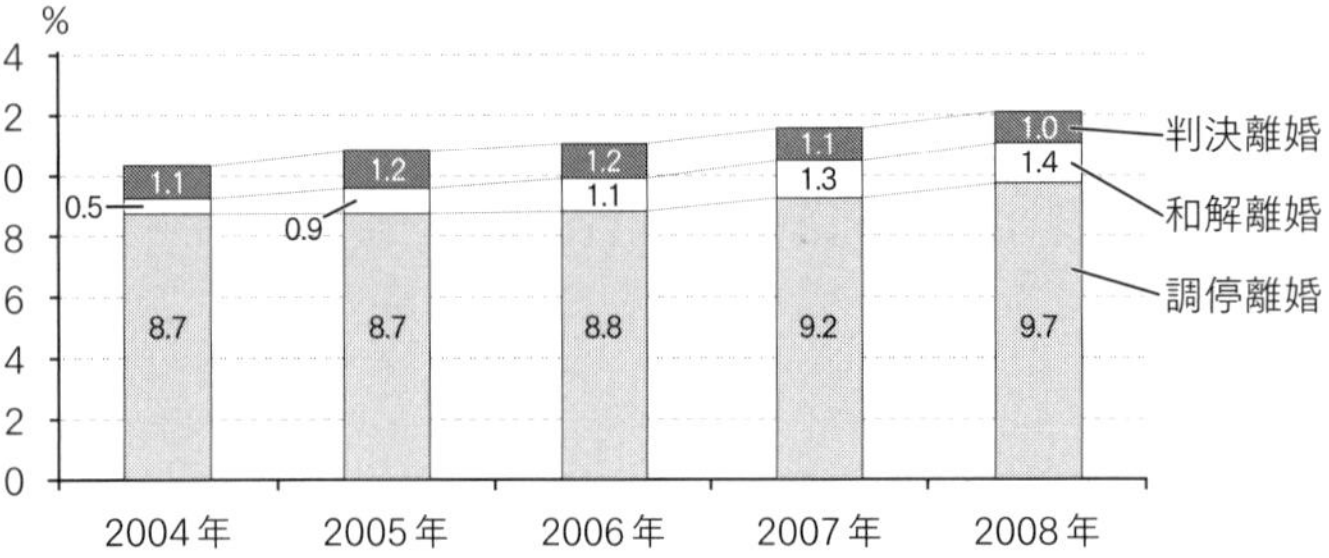

注：2004年の和解離婚の割合は4月以降の数値。
厚生労働省人口動態統計（平成21年度）より

ていても、双方が親権を主張し合って譲らない場合は離婚できないので、訴訟に進む可能性が高くなります。

③財産隠しが疑われる場合

調停では預貯金の調査がスムーズにいかないことも多いのですが、訴訟になれば調査嘱託という手続きにより、預貯金の調査がしやすくなります。そのため、「相手が財産隠しをしている」ことが疑われる場合にも、訴訟に進むことが多いです。

もちろん、この3つ以外の理由で訴訟に進む場合もありますが、その場合、必ずしも訴訟までする合理性がないケースもあります。
たとえば、慰謝料の額だけが問題になっているような場合がそうです。慰謝料が100万円か200万円かという争いの場合、勝訴したとしても、弁護士費用を払ってしまうと手元にはほとんどお金が残らないことも多く、訴訟に進んだ合理性があるとは必ずしもいえません。

◉訴訟の流れ

では訴訟のステージに進んだ場合、裁判はどのような手順で行われるのでしょうか。ここでは妻に訴訟を起こされた場合を例にとって、具体的な流れをみていきましょう（54ページ図1－6）。

まず妻（原告）が裁判所に訴状を提出し、離婚訴訟が始まります。裁判所は原告の都合を聞いたうえで第1回口頭弁論の日時を決め、これを通知するための「口頭弁論期日呼出状」（略して呼出状）と原告からの訴状を被告に送ります。被告側は通常、訴訟が始まったことを、この2つを受け取った段階で知ります。

訴状には、基本的には離婚原因となり得る事実が書かれています（離婚原因については、第2章で詳しく説明します）。また慰謝料を求める場合は、その理由となる事実（暴力・浮気など）が記され、親権を求める場合は、当人が親権者として適していることを証明する事実が記されています。「事実」といっても、相手が認めなかったり、証拠がなかったりする場合、それが本当なのかどうか第三者にはわかりません。「妻が書いた訴状に嘘がいっぱい書いてあっ

図 1-6　訴訟の流れ（妻に訴訟を起こされた場合）

1　訴状、答弁書の提出

原告が裁判所に訴状を提出し、それを受けて被告が答弁書を提出

2　第 1 回口頭弁論

代理人（弁護士）のみの出席でもよい。被告側は欠席することも多い

3　第 2 回以降の口頭弁論

原告が準備書面（答弁書への反論）を提出して第 2 回口頭弁論を開き、その後被告が準備書面（再反論）を提出して第 3 回口頭弁論を開く。以後、同様に繰り返す

4　本人尋問

原告、被告を同時に法廷に呼び出し、尋問する

5　判決

て腹立たしい」ということもありますが、この段階ではそれほど気にしなくてもいいでしょう。

あなたが呼出状と訴状を受け取ったら、訴状に対する答弁書を提出する必要があります。答弁書には、相手方の言い分を認めるのか、認めないのかなどを書いていきます。

呼出状には答弁書の提出期限が記載されています。期限は「口頭弁論」（略して弁論）の期日の1週間前であることがほとんどですが、それに間に合わなくても、弁論当日までなら受け取ってもらえます。答弁書が提出してあれば、期日に欠席しても出席したのと同じような扱いになりますので、出席できない場合は必ず提出しましょう。第1回口頭弁論の日時は原告側と裁判所で調整して決めるため、実際のところ被告は欠席することも多いです。

なお、原告・被告のいずれも、代理人（弁護士）を立てた場合、弁論には代理人のみの出席でもかまいません。第1回口頭弁論では、おもに訴状と答弁書の内容確認を行います。

では、答弁書を提出せず弁論にも欠席したらどうなるのでしょうか。通常の訴訟では、被告が原告の言い分を認めたものとみなされて、原告の請求通りの判決が下されてしまいます。これを「欠席裁判」といいます。

離婚訴訟の場合はそこまで厳格ではないものの、放置していればいずれは相手の言い分通りになる可能性がきわめて高いといえます。もし期日までに答弁書を作成する自信がなく、出席もできない場合は、すぐに弁護士に相談し、何らかの対応をとりましょう。

第1回口頭弁論の後は、おおむね1ヵ月ごとに「準備書面」を提出し、第2回以降の口頭弁論を開いていきます。準備書面はお互いの言い分を主張するための書面で、通常は答弁書への原告の反論→被告の再反論→原告の再々反論というように、双方が交互に提出します。その際、主張を裏づける証拠書類がある場合は、それも一緒に提出します。

口頭弁論では、提出された書面と証拠の内容確認をして終わるのが一般的ですが、記載内容に不明な点があれば、それについて質問することもあります。たとえば原告側が「被告は平成19年から不貞関係にあった」と主張したのに対して、被告が「平成19年から不貞関係にあったという事実は否認する」と反論した場合、不貞の存在自体を否認するのか、不貞の始期を否認するのかを確認するといったことです。

なお、弁論を重ねるうちにお互いに合意することができれば、判決が出る前に「和解」することも可能です。

和解にいたらない場合は、お互いの言い分が出尽くした頃合いをみて「本人尋問」を行います。これは、本人に直接確認する必要がある事実関係などについて、原告と被告の双方が法廷の証言台に立って事情を述べるものです。

本人尋問は、本人が裁判所に行って裁判官に直接言い分を伝えることができる場ともいえます。口頭弁論期日に出頭して裁判官に直接言い分を伝えることももちろん可能ですが、弁護士に依頼している場合には、弁護士のみが出廷することがほとんどです。一方、本人尋問には、弁護士に依頼している場合でも、本人が必ず出廷する必要があります。そのため、裁判官と会う、最初で最後の機会となることも多いのです。

以上の過程を経て判決が出ます。本人尋問から判決が出るまでの期間は個々のケースによってまちまちです。離婚訴訟の場合、法廷に出向いて判決を聞くことはあまりありません。私たちの事務所の案件の場合には、判決言い渡し当日に裁判所に電話をし、主文の内容（離婚の成否、親権者など）を確認します。判決が出た数日後に、原告と被告の双方に判決書が郵送されます。判決書には主文と判決理由が記載されています。

c o l u m n

「被告」扱いには抵抗がある？

離婚訴訟は、訴訟を起こしたい人が訴状という書類を家庭裁判所に提出することによって始まります。この場合、訴状を提出した側を原告といい、相手方を被告といいます。

刑事裁判の場合、裁判にかけられている人を被告と呼ぶことが多く（法律上の正確な表現では「被告人」）、この呼称はテレビドラマや小説の法廷の場面にもしばしば登場します。それもあって、被告という呼称に悪いイメージを持つ人も少なくありません。

そのため、離婚訴訟を起こされただけで被告扱いされてしまうことを、腹立たしく思う人もいるかもしれません。

実際、私たちの事務所に相談に来た人のなかにも、「犯罪者でもないのに、なんで被告呼ばわりされなければいけないんですか！」と言う人もいます。

そのうえ、訴状には「被告側が原因となって婚姻関係が破綻した」など「被告」という語が何度も使われていることも多く、こうした扱いに対して感情的になってしまうのも無理はありません。

しかし少なくとも法律上は、被告という言葉に悪いニュアンスは皆無です。双方の立場をはっきりさせるための呼び分けにすぎないので、気にする必要はありません。

ちなみに妻から訴訟を起こされ被告になったものの、「非があるのは妻のほうだ。妻が俺に慰謝料を支払うべきだ！」と逆に訴えたい場合は、反訴という方法があります。こちらから訴え返すのです。この場合、もとの原告は反訴被告、もとの被告は反訴原告、ということになります。

◉弁護士に依頼する？　しない？

あなたが被告側の場合、妻から訴状が届いた段階で、まず弁護士に相談するべきです。相談したからといって、依頼しなければならないわけではないので、とにかく一度、相談だけはしておいたほうがよいでしょう。そのうえで、訴訟代理を依頼した場合の費用と、依頼しない場合のデメリットをしっかり天秤にかけて考えてみましょう。

ただし私たちの事務所が離婚案件に携わってきた経験から、訴訟に進んだ場合は弁護士に依頼することを強くおすすめします。その第一の理由は、訴訟の手続きには高度な専門知識が必要となるため、弁護士に依頼せずにひとりで戦う場合は、自分の言い分を裁判所に理解してもらえないリスクがあることです。

第二には、あなたが大都市周辺などの弁護士が十分にいる地域に住み、すぐにも依頼できるにもかかわらず弁護士に依頼せず、ひとりで訴訟対応をすることになった場合、じつは何かを隠しているのではないか、という疑いの目を向けられる可能性があります。弁護士に訴訟代理を引き受けてもらえない何らかの事情がある、という色眼鏡でみられるリスクもあります。

もっとも、たとえばあなたの側に、暴力を振るったなどという明らかに不利になる事実があり、訴訟で争ってもとうてい勝ち目はないという場合、「慰謝料はどうせ相場通りだから、裁判で決まった金額を払うしかないだろう。そうなると弁護士費用の分だけ無駄になる」という考え方もあるでしょう。しかし弁護士がつかない状況で、裁判官が相場通りの判決を出してくれるとは限りません。「裁判官なら言わなくてもわかってくれるはずだ」という過信は禁物です。つまり、裁判での相場というのは、あくまで双方に弁護士がついて十分な訴訟活動をした場合の話なのです。

あなたがどうしても弁護士に依頼したくないのであれば、訴訟に進む前の調停段階で話をつけてしまったほうがいいでしょう。

◉弁護士と依頼者の関係

弁護士が離婚訴訟を担当していて、依頼者とのあいだでよく問題になるのは、裁判所に何をどこまで主張し、証拠として何を提出するかということです。依頼者は、相手方があることないこと主張してきたり、いろいろな証拠を提出してきたら、こちらも対抗して、より多くのことを主張したり、もっとたくさんの証拠を提出したくなったりすることもあります。また、裁判官に事情をわかってほしいという思いもあるでしょう。

しかし、依頼している弁護士が、答弁書にそうした主張を書いたり、証拠書類を裁判所に提出したりすることに消極的なのは、よくあることです。

こういう場合は、弁護士の意見に従うほうがよいでしょう。裁判官や弁護士の目からみて明らかに必要のない書類がやたらに提出されているという状況を、裁判官は「弁護士が必要ないと説明しているにもかかわらず、依頼者が納得せずに強硬に要求してくるために、やむなく書類を提出しているのだろう。このような状況が生まれるとすれば、弁護士が依頼者との関係で力不足であるか、依頼者が人の意見に耳を傾けない強情な人間であるか、いずれかと推測される」と考えます。
あなたが依頼した弁護士が、裁判官の目からみて力不足に思われてしまうことも、あなた自身が強情な人間にみられることも、離婚訴訟においてよいことではありません。「そういうデメリットがあってもよいから、この書類だけは出してほしい」という信念があるのなら別ですが、そうでなければ、弁護士が必要ないと言っている書類を無理に提出することは、避けたほうがよいでしょう。

まとめ

- **訴訟に進む必要があるかどうかをまず考える**
- **訴訟まで進んだら、弁護士に依頼したほうがよい**
- **提出する書類や証拠の取捨選択は、弁護士の判断に委ねる**

第2章

知っておくべき「離婚原因」

離婚問題で私たちの事務所に相談に来られた人に、「○○○○の事情なのですが、私は離婚できるでしょうか？」「□□□□の事情で妻から離婚を求められていますが、離婚しなければならないのでしょうか？」と聞かれることがあります。苦しい結婚生活から逃れられるのか、あるいは、理不尽な離婚の要求をはねつけられるのかという、深刻な問題です。ここでは、離婚が認められるための要件＝「離婚原因」について説明しましょう。

1 離婚原因とは？

離婚原因とは、家庭裁判所が判決によって夫婦を離婚させるための要件です。具体的には、不貞行為がある場合や長期間の別居が続いている場合などに、家庭裁判所が「離婚原因がある」と判断すれば「離婚」との判決が出ることになります。ただし、日本の法律では、当事者双方が同意していれば、民法に定められている離婚原因があるかどうかにかかわらず離婚できるとされています。さしたる理由がなくても、また周りからみて理解不能な理由であっても、当事者双方の真の同意さえあれば離婚は成立するのです。

離婚原因が重要になってくるのは、双方の同意がないケースです。夫婦のどちらか一方が離婚を望んでいて、他方が離婚を嫌がっている場合、最終的には離婚を望む側が訴訟を起こし、裁判所が「離婚原因があるかどうか」を検討し、あると判断すれば、判決によって離婚が成立します。

つまり、離婚を望む側は、訴訟の場では相手に離婚を納得してもらう前に、まず裁判官に離婚を認めてもらわなくてはならないのです。そのための要件が離婚原因です。

なお、離婚原因が問題となるのは、じつは判決離婚に限りません。協議離婚や調停離婚の際にも条件面などに影響することが多いということを覚えておきましょう。

まとめ

- **夫婦の一方が離婚を嫌がっている場合でも、離婚原因があれば離婚できる**
- **離婚原因があるかどうかは、裁判所が判断する**

2 5つの離婚原因

民法770条に規定されている離婚原因は、以下の5つです。
1号　配偶者に不貞な行為があったとき
2号　配偶者から悪意で遺棄されたとき
3号　配偶者の生死が3年以上明らかでないとき
4号　配偶者が強度の精神病にかかり、回復の見込みがないとき
5号　その他婚姻を継続し難い重大な事由があるとき

まずは、それぞれの詳細について説明していきましょう。
1号：不貞とは通常、配偶者以外の異性との肉体関係を指します。メールの交換やデートを繰り返し、何度注意してもやめなかったといった場合でも、肉体関係がなければ不貞は認められません。ただしこの場合は、5号の「婚姻を継続し難い重大な事由」にあてはまることが

あります。

不貞行為があったことの証拠となるのは、探偵などの調査報告書、不貞相手とのメール、不貞を疑わせる写真（不貞相手と写っているものなど）や動画などです。

2号：悪意の遺棄とは、夫婦の一方が、正当な理由なく夫婦間の相互協力義務・同居義務に違反することをいいます。どちらか一方が他方や子どもを放置して家を出て、生活費の負担もしないような場合がこれにあたります。

しかしながら実際には、悪意の遺棄が認められる場合は少ないのが現状です。「妻（または夫）が一方的に出て行った」ケースの中には、別居について正当な理由がないとはいえないことが多く、それのみで悪意の遺棄と認定するのは困難とされています。ただし長期間の別居の場合は、それだけで5号の「婚姻を継続し難い重大な事由」となることがあります。

3号：夫婦の一方が、生きているのか死んでいるのかわからない状態が3年以上続く場合です。家を出て現在どこにいるかは不明だが、たまに電話や手紙などで連絡がある場合は該当しません。3号に該当するには、単に居所がわからない程度では足りず、警察に行方不明者届（捜索願）を出すなど捜す努力をしたにもかかわらず行方が知れないままであるなど、当人が死亡している可能性が、一定程度なければなりません。
4号：強度の精神病に該当するかどうかは、医師の診断書をもとにして裁判官が判断します。ただし、妻（または夫）の精神病のみが原因の場合は、離婚後も相手の療養を含む生活の面倒を全面的にみることを約束するなど、相当の方策を講じない限り、裁判所は離婚を認めない傾向にあります。なぜなら、夫婦は互いに協力扶助義務を負っているため、一方からの離婚請求により、もう一方の配偶者が過酷な状態に陥ることのないようにしなければならないのです。
なお、相手に「強度」でない精神病や精神病以外の病気がある場合は、その状態が次の5号に該当するかどうかが問題になります。
5号：婚姻が破綻していて回復の見込みがない場合をいいます。これに該当するとしてよく主張されるのは、暴力、別居、性格の不一致、精神的暴力（モラルハラスメント）、宗教活動、セックスレスです。このうち婚姻関係（夫婦関係）が破綻していると比較的認定されやすいのは、「一方的に暴力を振るわれていた」「別居して5年以上になる」というケースです。これ以外のものについては、それだけで婚姻関係が破綻しているとは判断されにくく、〝事情によっては認められる可能性がないわけではない〟という程度です。

実際に私たちの事務所が依頼を受けた案件で離婚原因が問題となっているケースでは、一方的な暴力や長期間の別居に該当しない場合のほうが多いです。なぜなら、暴力などの行為があり証拠もある場合は、最終的な結論が見通しやすく、協議や調停で決着がつくことが多いからです。

一方、性格の不一致などの理由で離婚したい場合は、それによって夫婦関係が「破綻している」ことを、なんとか裁判官に認めてもらう必要があります。個人では太刀打ちできないことも多く、それだけ私たち弁護士の出番も多いのです。ともかく、こういった理由で離婚するにはたいへんな労力を必要とすることを頭に入れておいてください。これについては次項で詳しくお話しします。

まとめ

- **民法に規定されている離婚原因は５つ**
- **性格の不一致などは、離婚原因として認められにくい**

3 「破綻」とはどういう状態？

前項で挙げた離婚原因のひとつに、「その他婚姻を継続し難い重大な事由があるとき」（5号）、つまり「婚姻関係（夫婦関係）が破綻していて回復の見込みがない場合」というのがあります。

そもそも「夫婦関係が破綻している」とは、いったいどういうことなのでしょうか。

妻との離婚を望んで私たちの事務所に法律相談に来る男性たちは、自分の夫婦関係がいかに破綻しているかということについて、「相手に対して愛情がもてない」「関係が冷え切っている」「自分自身がやり直す気持ちになれないのだから、やり直せるわけがない」などと説明します。

しかし**裁判官は、そういったあなたの主張をそのまま認めることはありません。**まずはあなたの主張の裏づけとなるさまざまな事実――たとえば性格の不一致、一緒に食事をしないなどの家庭内別居、暴言、セックスレスといったことが、あなたの嘘や誇張ではなく、実際に起こ

図 2-1　破綻しているかどうかは裁判官が判断する

修復の可能性はないか？
本当に破綻しているだろうか？
破綻している
破綻していない
裁判官
夫側の弁護士
妻側の弁護士

っていたかどうかを検討します。

次に、裁判官が本当にあったと認めた事実によって、夫婦関係が修復困難なほどに破綻しているかどうかを判断します。たとえば、実際に妻が暴言を吐いていたとしても、それは一時的なものであり、そのことによって修復の見込みがないほどの破綻をきたしているとはいえないのではないか、といったことを検討し、判断を下すのです（図２－１）。

ここまで読んできて、賢明な読者のみなさんはすでにお気づきでしょうが、破綻かどうかを判定する明確な基準は存在せず、すべては裁判官の判断次第といえます。夫婦や家族のあり方にかかわる個人の考えが強く支配する分野なので、同じ案件でも、別の裁判官が担当したら結果は違ってくる可能性があります。裁判官によって、その案件に対する考え方が異なるだけでなく、照らして考えるべき「通常の夫婦」像に対するとらえ方も異なります。

そのため、最近では家庭裁判所で破綻を認められずに敗訴してもあきらめず、高等裁判所に控訴して戦う人が増えています。費用や労力はかかっても自分が妥当と思える判決を追求したいのなら、控訴する価値はあると思います。

ところで、みなさんの中には「うちは誰がどうみても破綻している。裁判官もすぐにわかってくれるだろう」と確信している方もいるでしょう。しかし、私たちの事務所が担当した訴訟の中には「(修復は困難だが)修復の見込みがないとはいえない」ということで、離婚が認められなかったケースもあります。こうした判決をみた依頼者は、口をそろえて「修復できるわけないじゃないか!」と言います。

たしかに心情的にはそうなのですが、判決離婚とは結婚という「契約」を破棄するものであり、それを裁判所が認めるのは、あくまで例外的な場合に限られています。「修復の見込みがないとはいえない」というのは、「本来守るべき約束を破棄するほどの状況にはない。約束をした以上、修復に向けて努力しなさい」という意味なのです。

まとめ
・夫婦関係が破綻しているかどうかを判断する明確な基準はない
・裁判所が夫婦関係の破綻を認めるのは、例外的な場合のみと心得る

4 あなたは離婚できるのか?

ここからは、具体的に離婚にいたる道筋を説明します。まず、あなたが離婚を望んでいる場合について考えてみましょう。

⦿「破綻」を認めてもらうためには……

あなたが離婚を望み、妻が拒否している場合には、最終的には訴訟となり、裁判官に夫婦関係の「破綻」を認めてもらう必要がある、と前項で説明しました。裁判官は破綻しているかど

うかを客観的な立場から判断すべきもの、とされています。あなたが離婚したいと思っているといくら繰り返しても、それだけで裁判官に破綻を認めてもらうことは難しいのです。

では、裁判官に破綻を認めてもらうためにはどうすればいいのでしょうか？　一般的には以下の5つの方法があります。

①暴言・暴力など決定的な事実を明示する

先述の通り、裁判官が「破綻」しているかどうかを判断するにあたっては、具体的な事実の中味と、それが本当にあったのかどうかということが鍵になります。

そのため、弁護士は裁判官に対して、関係が破綻していることを証拠づけるさまざまな事実を提示していきます。その中に、破綻につながる決定的な妻の言動（暴言・暴力など）があり、本人も認めている場合は離婚請求が通りやすくなります。

一方、決定的な言動がない場合は、細かい事実を積み重ねて破綻していることを証明しなければならないため労力がかかり、なおかつ破綻を認められにくい傾向にあります。

②証拠をとっておく

訴訟にまでもつれるケースでは、妻は夫が訴えている事実をそのまま認めないことが多く、その場合は事実関係が争われることがあります。

その際には、裁判官という家庭の外の人に、家庭内の出来事が「あった」と認めてもらう必要があります。たとえば**妻から日常的に暴言を吐かれていたとしても、本人に否定されてしまえばそれまでで、あとからそのことを証明するのはきわめて困難です。**いわゆる「言った」「言わない」の水掛け論になってしまうことも多く、裁判官も事実が「あった」と認定しようがありません。

離婚を決意したなら、妻の暴言をＩＣレコーダーで録音する、暴力を振るわれた場合は裏づけとなる写真を撮る、病院を受診したら診断書をもらっておくなどして、証拠を残す努力をするとよいでしょう。何らかの証拠があれば、裁判官もその事実が「あった」と認定しやすくなります。

③第三者の証言を得る

あなたの証言に信憑性をもたせるために、第三者の証言が得られれば大きな力となります。たとえば、同居している父母や子どもなどです。

ただし、子どもの場合は自分の意思で証言できる年齢（高校生以上）になっていることが必要です。さらに、証人になるということは、裁判所に出頭し証言することを覚悟する必要がありますから、子どもへの影響について、十分な配慮が必要です。また、子どもを夫婦間の争い事に巻き込むことの是非についても、しっかりと考えておくべきでしょう。

④早めに別居する

別居期間が長ければ長いほど、夫婦関係が破綻していると認められやすくなります。現在は、別居期間5年というのがひとつの分水嶺となっているようです。ただし、結婚して間もない夫婦は、別居期間が5年より短くても破綻が認められる場合もあります。たしかに、結婚して1ヵ月で別居し、その状態が3年間続いているというような場合は、夫婦関係が破綻しているといわざるを得ないと思います。

別居に際しては、「悪意の遺棄」（67ページ）といわれないように注意する必要があります。

⑤話し合いを尽くす

婚姻破綻が認められるためには、夫婦の関係が回復の見込みがない状態になっている必要があります。ですから、まず夫婦間で十分に話し合うことが重要です。話し合いを尽くすことではじめて、「これだけ話し合ったけれど、やはりダメだった」ということができますし、お互いの気持ちが整理されることにもなるでしょう。話し合いの過程を経ず、**別居後ただちに調停**

を申し立てたり、訴訟を提起したりすると、「話し合いをすれば、まだ修復の見込みがある」と裁判官に判断されやすくなります。

さらに、別居直後に調停を申し立てた場合は「用意周到に準備して別居した」という心証を裁判官に与えてしまいます。つまり、「婚姻関係が破綻していたからやむなく別居したわけではなく、本人が離婚したいから別居した」とみなされ、身勝手な行動だと判断される可能性があります。そうなると、あなたが破綻の原因を作った有責配偶者ということになり、離婚請求がよりいっそう認められにくくなりかねません。

別居した場合もしばらく話し合いを続け、「これだけ妻と話し合ったけれどダメだった」と、堂々と裁判官に訴えられるようにしましょう。

⦿離婚原因があるかどうかわからないときは？

これまで述べてきたように、夫婦関係が破綻しているかどうかについては明確な基準があるわけではありません。そのため、離婚原因となる事実がなく、妻が明らかに離婚を拒絶すると思われる場合、「自分は離婚できないのではないか」と考えてしまう人もいると思います。

しかし、夫婦関係が破綻しているかどうか微妙な場合であっても、弁護士に相談したり、調停・訴訟へと踏み出したりするほうが、メリットは大きいといえます。なぜなら、妻が離婚を拒絶する理由はさまざまで、単に感情的なものである場合もあれば、経済的な不安だけが問題になっている場合もあります。協議、調停、訴訟と進んでいく中で、時間の経過や手続きの進展とともに妻の気持ちや問題点が整理され、離婚の条件次第では話し合いがまとまることもあります。

一方、妻がどこまでも拒絶を貫き、判決で離婚が認められない可能性もあります。その場合は、調停や訴訟にかかった費用（弁護士費用、印紙代など）が無駄になるうえに、同じ理由での離婚訴訟はできなくなります。ただ、そういったケースでも、通常は別居をさらに続けることなどによって、新たな離婚原因が認められることが多いです。

◉「他の女性と恋愛したいから離婚したい」は通らない

ここまで離婚原因の種類をみてきましたが、どんな離婚原因であっても、離婚の原因を作った側（＝有責配偶者）からの離婚請求は認められません。たとえば夫婦関係が破綻する原因となる浮気をした当人が、「婚姻関係が破綻した」として離婚請求をしても認められないということです。

これは考えてみれば当然で、自分が浮気をしておいて、「浮気で離婚原因が生じたから離婚できる」とか、自分の浮気が原因で夫婦関係を破綻させておいて、「婚姻を継続し難い重大な事由があるから離婚できる」なんてことを裁判所が認めたら、ひどいことをすればするほど離婚が認められることになりかねず、法律で離婚原因を定めている意味がありません。

ただ、いかなる場合でも有責配偶者からの離婚請求は認められない、というわけではありません。たとえば、10年以上別居していて、その間婚姻費用をきちんと払い続けているような事情があれば、認められることもあります。

また、夫婦関係が破綻した後に浮気をしたような場合は、破綻の原因は浮気ではないことになります。その立証が非常に難しいことは確かですが、これが認められれば、有責配偶者にはならずにすみます。

◉最後まで付き合ってくれる弁護士を探そう

離婚原因があるかどうかはっきりしないケースで破綻を認めてもらうためには、弁護士の手腕が大いに問われます。

弁護士はあなたと打ち合わせを重ねる中で、破綻を証明できる言動をみつけ出し、その証拠とともに裁判所に提出します。一方、妻側の弁護士は、こちらの主張をすべて否定し、合理的な理由をつけて「破綻していない」と主張するでしょう。この繰り返しで訴訟は進んでいきます。

こういった案件は弁護士としてもかなり労力がいる仕事です。途中であきらめず最後まで付き合ってくれる弁護士を探し、力を合わせて取り組む必要があります。

まとめ
- 破綻につながる事実を裏づける証拠を残しておく
- 話し合いを尽くすことで破綻が認められやすくなる
- 離婚の原因を作った側（＝有責配偶者）からの離婚請求は認められない

5 あなたは離婚に応じなければならないのか？

ここまではあなたが離婚を望んでいる場合をみてきましたが、次に、妻が離婚を望んでいる場合について考えてみましょう。

◉離婚原因はあるのか？

あなたの浮気や暴力、長期間の別居といった、離婚原因があると認められやすい典型的な事情がある場合には、あなたが離婚したくないと主張していても、判決で離婚が認められてしまう可能性は高いです。

この場合、あなたとしては離婚に応じて離婚以外の条件（親権、養育費、財産分与など）の協議に移るのか、あくまでも離婚自体を争うのか（あなたの言い分を裁判所に伝えたい場合など）、のいずれかとなります。

逆に、性格の不一致など、離婚原因にあてはまるかどうかが明確でない理由によって妻が離婚を望み、あなたがそれに納得できない場合は、必ずしも離婚に応じる必要はありません。

妻側の離婚したい理由に納得できるか、条件さえ折り合えば離婚してもよいのか、あるいは、あくまでも円満解決（同居）を求めながらも訴訟に応じるのか。あなたの考え次第で今後の進め方が変わってきます。

ところで、あなたが過去に犯した一度きりの過ちは離婚の理由になり得るのでしょうか？

一方的な暴力や不貞は明確な離婚原因となり、離婚が認められやすいのは事実です。ただしそれは、暴力や不貞によって夫婦関係が破綻したと、一般的に考えられるからです。

しかし、暴力や不貞があっても夫婦関係が破綻していないと主張することができれば、離婚請求は棄却されます。具体的には、暴力や不貞があったとされる時期以降に妻が子どもを妊娠・出産したような場合や、長期ローンを組んで自宅を購入したような場合です。このように、円満な夫婦であることを示すエピソードがある場合は、離婚を前提とせずに対応することも考えられます。

◉自分の言い分を訴訟で伝えたい

突然妻から離婚を切り出されたときは、心の整理がつかず、どうしていいかわからないものです。「自分の何が悪かったのか？」「これからどうすればいいのか？」……今後の人生設計が大きく変わってしまうのですから、頭が混乱するのもしかたがありません。

しかも、調停や訴訟が始まれば、次から次へと相手の言い分や要求があなたに伝えられます。提出された書面には、あなたがどんなに悪い人間かということが、これでもかと言わんばかりに書き連ねてあります。「自分も悪かったかもしれないが、妻にも落ち度があったのではないか？」「もう少し自分の言い分も聞いてほしい」「できるならやり直したい」……そんな気持ちのまま、調停や訴訟が進んでしまったという人もいるでしょう。

また、裁判で離婚が認められた場合は、判決書にあなたの悪い点が書き連ねられることもあります。これが納得できない、判決書に「妻にも悪い点があった」と一文だけでも書いてほしい、という人もいます。

誰でも、事実を受け入れるのには時間がかかるものです。「しかたない」と簡単に割り切れるものではありません。特に、家族として将来にわたって一緒に生活していこうと考えていたのに、子どもと離れ離れになった場合などは、冷静に判断できないことも考えられます。そんな状況で無理やりに離婚することになった場合、容易に新しい道に踏み出せるとは限りません。円満な状態に戻ることは難しいとしても自分の言い分を裁判官に伝えたい、納得できるまでは離婚を受け入れられない、という場合は、妻から訴訟を起こされてもひるまずに、徹底的に戦うという選択肢もあるのです。

◉不利な状況でも最後まで付き合ってくれる弁護士を探そう

あなたが自分の言い分を伝えたいと考えて、離婚に同意せずに訴訟を継続した場合、妻側からの書面であなたへの人格攻撃がさらに繰り返されるかもしれません。また、裁判官や妻の弁護士から、「離婚を認めないという判決が出ても円満解決にはいたらない」と繰り返されたあげく、味方であるはずの自分の弁護士までもが、あなたの言い分にしっかり耳を傾けてくれない場合もあります。さらに、経済的なメリットを重視して、あなたに対して離婚をすすめてくる弁護士もいるかもしれません。

実際、あなたが妻から離婚訴訟を起こされたものの、幸いにも判決で離婚は認められず、離婚の危機を回避できたとしても、無事解決というわけにはいきません。

なぜなら、**判決は離婚請求を認めないというだけで、夫婦関係が円満になるように命じるものではない**からです。そのため、別居中の妻や子どもに同居を強要することはできず、妻が応じない場合、一緒には住めません。さらに、別居期間が長くなれば、結局は離婚が認められてしまうこともあります。また、別居している間は妻に婚姻費用（生活費）を支払い続けなければなりません。つまり、勝訴してもあなたにはほとんど何のメリットもないということになります。

このように、別居期間が長いなど、夫婦関係がこじれている状態で訴訟の依頼を受けた場合、弁護士の多くは、訴訟の途中で夫に「このまま訴訟を続けてもあなたには何の得もありません。奥さまと和解して離婚に応じたらどうですか？」とすすめます。

また、一審で出た離婚の判決を覆すために控訴したいと言われても、夫に何の利益もない場合は、依頼を断ることもあります。要するにそれは、誰の目から見ても「過去は忘れて新しい道へ踏み出したほうがいい」という状況なのです。

ですから、「とにかく自分の言い分を伝えたい」という場合は、弁護士のサポートがよりいっそう重要になります。あなたの考えに最後まで付き合ってくれる弁護士を探してください。

まとめ
- 明確な離婚原因がない場合、必ずしも離婚に応じる必要はない
- 言い分を伝えて自分が納得するために戦い続ける、という選択肢もある
- 勝訴しても円満な状態に戻れるとは限らない

6 妻と離婚したいときの基本戦略

ここからは、より具体的な戦略について考えていきましょう。最初はあなたが離婚を望み、妻が応じない場合です。

①離婚原因があるのか、証拠はあるのかを検討する
あなたが離婚をしたいと考えたとき、妻がすぐに離婚に応じてくれれば、離婚原因の有無は

図 2-2　どうすれば離婚できる？

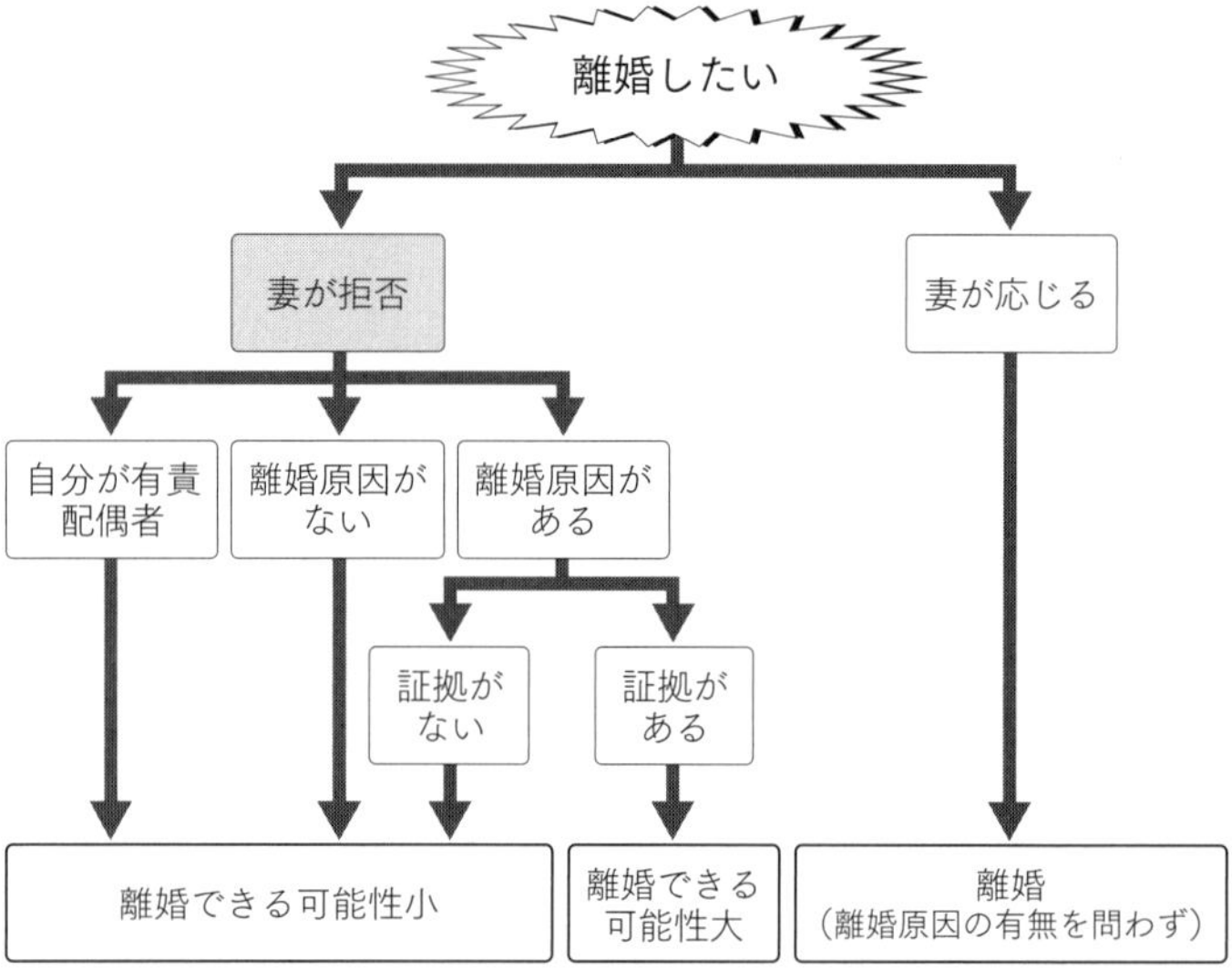

関係ありません。しかし、妻から離婚を拒絶されたり、財産分与や慰謝料で相場以上の要求をされたりしたときには、まず離婚原因があるのかどうか、そして証拠はあるのかどうかを検討してみてください（図2－2）。
離婚原因があり、なおかつその証拠がある場合は、妻としても最終的に離婚を覚悟する必要があります。そのため訴訟にいたる以前の協議や調停で離婚に応じてくれることが多く、条件面についても、訴訟になった場合とほぼ同様の結果となることが多いのです。
他方、離婚原因がない、またはその証拠が乏しいようであれば、判決で離婚が認められることは難しくなるので、それ以前の協議や調停の段階で妻に離婚に応じてもらう必要があります。そのため、妻に対して、相場にいくらか上乗せした額の財産分与や慰謝料（解決金）を提示しなければならないかもしれません。

このように、離婚原因の有無によって、離婚の話の進め方は大きく変わってきます。離婚原因として主張できる事実を裁判官に認めてもらうためには、裏づけとなる証拠の提出が不可欠です。

では、証拠としてどのようなものを準備すればよいでしょうか。

先述のように、家庭内の事情を直接知らない第三者である裁判官に離婚原因を認めさせるには、できる限り客観性の高い証拠を確保することが重要です。妻が浮気をしているのであれば、密会の現場を撮った写真が証拠となります。暴言や暴力であれば、具体的な暴言の内容を録音したものや、暴力によって負った怪我の状態を撮った写真、そのほか医師の診断書なども証拠となります。

もっとも、離婚に向けて準備をしながら生活することはあまりないでしょうから、客観的な証拠が確保できないこともあります。そのような場合には、訴訟の際などに、同居している家族などの証言やあなた自身の言い分をまとめた陳述書を提出することになります。

②別居を検討する

では、離婚原因がないか、立証が困難な場合、あなたは一生離婚できないのでしょうか？　**同居を継続する限り、妻が応じなければ、離婚することは難しいかもしれません。**しかしそんな状態で妻との生活を続けていれば、あなたが精神的に辛くなり、これ以上の同居には耐えられないと感じることもあるでしょう。そのようなときには、別居を検討してください。

別居が長期間になれば、婚姻関係が破綻していると認められやすくなるメリットがあります。他方、別居のデメリットは、あなたが妻を「悪意で遺棄」し、夫婦関係が破綻する原因を作った有責配偶者と認定され、離婚請求が認められなくなる可能性があることです。そこで、悪意の遺棄と認定されないためにも、別居期間中は婚姻費用を負担する必要があります。

③離婚の協議や調停に踏み出す

離婚原因も証拠もある場合は、すぐにでも離婚の協議を始め、話が進まないようであれば調停に踏み出しましょう。

離婚原因がないか、あっても証拠が乏しい状況でも、躊躇せずに協議に踏み出したほうがよいでしょう。離婚の話を切り出さず、問題化しないままでおくと、後で訴訟になったときに、裁判所に「円満で婚姻関係に問題がなかった」と判断される恐れがあります。また、離婚の意思、離婚したい理由をしっかり妻に伝え、妻が離婚を拒絶するのであれば、どのような理由で拒絶するのかを確認しましょう。

たとえ協議が整わなかったとしても、調停、訴訟とステージが進むことで、調停委員や裁判官などの第三者から妻に、「ここまで来たら離婚するしかありませんね」と言ってもらえる可能性があり、それによって調停離婚や和解離婚が成立することもあります。

もちろん、妻が離婚拒絶を貫き、離婚を認めない判決が下される可能性もあります。その場合のおもなリスクは、調停や訴訟にかかった費用（自分の弁護士費用や印紙代など）が無駄になることと、同じ理由で離婚訴訟を起こせなくなることです。

まとめ

- **離婚原因の有無によって、戦略は大きく変わる**
- **別居が長期になれば婚姻関係の破綻は認められやすくなる**
- **離婚原因が乏しくても、協議に踏み出すのが得策**

7 妻から離婚を求められたときの基本戦略

次は、妻から離婚を要求され、あなたがこれに応じたくない場合の具体的な戦略について考えてみましょう。

①明らかな離婚原因があるのかどうかを検討する

まず、妻がどのような理由で離婚を要求しているのか確認し、それが「離婚原因」にあてはまるかどうかを検討してみましょう。

もし、明らかに離婚原因にあてはまるのであれば、訴訟で離婚を認める判決が出される可能性があるため、それを前提に考える必要があります。

他方、離婚原因にあてはまるかどうかが明らかでないのであれば、あなたが離婚に応じない限り、離婚が成立しない可能性があります。そのため、離婚しなければならないことを前提に戦略を練る必要はありません。しかし、その後の話し合いや調停、訴訟などで妻の考えを聞いていくうちに、今後も一緒に生活を送ることは難しいと考えるようになるかもしれません。自分にとってのメリット、デメリットを考えながら個々のステージに対応し、最終的にあなたが離婚したいのかどうかを判断してください。

ただし、**婚姻費用の負担が毎月生じることには、注意が必要です**（１０７ページ）。

②話し合いの機会を得る

妻が離婚を要求してから、別居→調停→訴訟と一気に話が進むこともあります。ほとんど話し合う機会がないまま、妻が一方的に離婚したい理由を言い続けるだけということも少なくありません。あなたとしては、最終的に離婚するかどうかにかかわらず、納得できない部分も多いはずです。

このような場合には夫婦間での話し合いが尽くされていないため、あなたとしても、離婚したほうが家族にとって幸せなのか、離婚しないほうが幸せなのか、判断ができないでしょう。

そこで、調停や訴訟を利用して、積極的に話し合いの場を作るようにしましょう。訴訟になった場合でも、家族の問題は家族で話し合って決めたほうがいいと考える裁判官もいます。話し合いを尽くしていないことを裁判官に説明して話し合いの場を設けてもらうように働きかけ、できるだけ納得のいく形で進めましょう。

③離婚に応じた場合のメリット、デメリットを考える
あなたが離婚に応じない間は、別居状態であっても妻に婚姻費用を払い続けなければなりません。そのため、離婚に応じると婚姻費用の負担から逃れられるというメリットはあります（もちろん、離婚の際に取り決めた養育費の負担は続きます）。

一方、離婚に応じるということは円満解決の可能性を閉ざすことになりますし、それ以上の話し合いの機会もなくなります。

お金と気持ちのどちらを優先させるべきか。難しい問題ですが、それによって選択肢が変わってきます。

まとめ

- 妻の主張する離婚理由が「離婚原因」にあてはまるかどうかで戦略が変わる
- 納得できないことは、調停や訴訟で話し合う努力をする
- 優先すべきはお金か気持ちかをよく考える

離婚のリアルストーリー

【ケース1】離婚したくてもできないAさん：35歳／結婚歴5年／妻は専業主婦／子どもなし

妻と結婚したのは5年前。しばらくふたりだけの生活を楽しんで、その後は子どもを作って、という人生設計を思い描いていた。しかし、妻に対して、「そろそろ子どもを」という話をしても、自分の趣味や友人関係をいままで通り楽しみたいから産みたくない、の一点張り。妻は専業主婦で、家事は一通りきちんとしてくれているが、私の収入でいろいろ遊び歩いてもいるようだ。

表面的には円満に見えるが、いったん喧嘩になると妻は感情的になり、こちらが非を認めるまでは絶対に引き下がらない。私もいい加減面倒くさくなり、妻の言うことに逆らわないようにしている。仕事で疲れて家に帰ってきても、友人関係の愚痴を聞かされ、その話がすむまでは寝かせてくれない。そのくせこちらが朝早く出勤するときには、妻は起きてこない。

機嫌が悪くなると、「稼ぎが少ない」とか「あなたはスポーツが苦手だからカッコ悪い」とか、私がコンプレックスに感じていることをわざと言ったりする。

正直、妻とかかわればかかわるほど嫌な思いをするだけという気がしてきて、最近は事務的なこと以外は一切話もしなくなり、寝室も別になった。このままではどうにもならないと、妻に離婚を切り出したが、「離婚は絶対にしない」と言い張るばかり。

弁護士に相談したが、「離婚原因がないから、奥さんが拒否する以上、離婚は難しいでしょう」とのこと。少なくとも5年は別居しないと離婚は無理だという。

5年後といったら自分も40の大台に乗り、再婚だって思う通りにいかないかもしれない。このまま子どもを持つこともできないのだろうか。この女のせいで、自分の人生は台無しになってしまうかもしれない。

そんな自暴自棄の気分になったまま数年が経ったころ、悩みの相談に乗ってもらっていた職場の同僚と深い関係になってしまった。しかも、まもなくそれは妻の知るところとなった。

再度弁護士に相談に行ったところ、あなたは有責配偶者だから、いまの状況だと10年くらい別居して、さらに

奥さんに誠意を尽くさないと離婚できないかもしれないとのこと。もうすべてを投げ出して、どこかに行ってしまいたい気分だ。

どうすればよかった？

はじめに離婚を決意した段階で弁護士に離婚の交渉を依頼していたら、違った展開があったのではないでしょうか。今回相談した弁護士のように夫側の離婚交渉に消極的な場合は、別の弁護士に相談し直してもよかったと思います。

この時点では裁判上の離婚原因があるとはいえないので、離婚訴訟になった場合は勝てる可能性が高いとはいえません。ただ、妻側の離婚拒絶の理由次第では、それ以前の協議段階、調停段階、訴訟になってからの和解段階で離婚が成立する可能性は十分あります。

弁護士費用がかかるとはいえ、ひたすら耐えた末に自暴自棄になるよりは、離婚交渉を進めたほうが納得のいく結果になった可能性もあります。

仮に離婚裁判に負けたとしても、別居して離婚訴訟までした後に浮気をした場合は、同居中に浮気をした場合に比べれば、有責配偶者扱いされて離婚が難しくなる可能性は、はるかに低いといえます。Ａさんの場合は、意に反してどんどん離婚が難しくなってしまっていて、とても残念なケースといわざるを得ません。

［ケース2］納得のいかない離婚請求をされたBさん

：47歳／結婚歴12年／妻は専業主婦／子どもは1人

先月アメリカでの長い単身海外赴任生活が終わり、やっと日本に帰ってくることができた。これから妻子と落ち着いた暮らしを楽しもうと思っていた矢先、妻が子どもを連れて家を出た。そして、子どもと会えないまま、あれよあれよという間に調停→訴訟と離婚話が進んでしまった。

俺はいまだに妻がなぜ離婚したがっているのかよくわからない。調停でも離婚したい理由を何度も尋ねたが、理解できる答えは一度として聞けなかった。小さないさかいはあったが、どの夫婦にもある程度のことだった。いったい俺の何が気に入らないんだろう。

妻からの訴状には、かいつまむと以下の点が記載され、いずれも反論できることばかりだ。
・10年間のセックスレス→10年間、一度もそれについて語ってこなかったじゃないか！　いまさらなんでそんなことを言い出すんだ。
・妻が風邪をひいても看病しなかった→俺としてはいたわっていたつもりだった。優しい言葉はかけなかったかもしれないが、家事や育児を代わりにやっていた。そのときは「ありがとう」と言っていたじゃないか。妻への思いやりの欠如じゃない。

•会社が最優先で妻子を放ったらかし↓会社から金をもらっているからこそ、妻子を養えるんだ。会社を優先させるのは、妻子を大切にするゆえなんだ。それをわかってもらえないから、いつも口論になるんだよな……。

•暴言によって精神的苦痛を受けたとして300万円の慰謝料の請求↓口論になったことはあったが、そんなにひどいことを言ったつもりはない。妻だって売り言葉に買い言葉で応酬していたはず。お互い様じゃないのか。

正直、たいしたことは書かれておらず、離婚の理由として納得がいかない。こんなことで離婚が認められるのであれば、結婚した意味がないではないか。

調停は自分だけで対応したものの、裁判では弁護士に

依頼した。しかし弁護士は、「意地を張っていてもしょうがないから離婚しなさい。意味のない意地を張るのはやめなさい」と強い調子で言うばかり。俺は意地を張っているのではなく、離婚したい理由をきちんと説明してほしいだけなのに、自分の弁護士すら、俺の気持ちや言い分をまったく理解してくれず、相談に乗ってもらうはずが喧嘩のようになってしまう。

しかも妻から出てくる書面には、俺の人格を攻撃するような内容ばかりが書き連ねてある。いい加減精神的に消耗してしまい、やむなく離婚に応じることにした。しかも、俺が100万円の慰謝料を支払うという内容で。

それ以来、いまにいたるまで、子どもとは会えないまま。いったい、結婚とはなんだったのか？　俺が悪かったんだろうか。そもそも、裁判官や弁護士は誰のためにいるのか？

そんな疑問にとりつかれ、新しい一歩を踏み出せずにいる。

どうすればよかった？

家を出て行った妻から離婚訴訟を起こされた場合、あなたが勝訴した（妻の離婚請求が認められなかった）としても、現在の司法の運用を前提にする限り、妻子を家に連れ戻すことはできません。妻子の生活費である婚姻費用の支払いも続きます。離婚すれば、金銭的負担は子どもの生活費である養育費のみになるので、経済的なメリットはあります。

とはいえ、離婚という大きな人生の節目をそれなりに納得のいく形で進めていくことは、今後の人生を歩んでいくうえでとても大事なことです。自分の言い分は間違っておらず、離婚要求は妻のわがままにすぎないということを、訴訟において明確にすることを最優先したい場合もあります。そのような場合は離婚に応じず、妻の離婚請求を裁判所で棄却してもらい、そのうえで再度、今後の人生を落ち着いて考えるほうがよいともいえます。

仮に離婚に応じるとしても、裁判所で話し合いの場を作ってもらうこともできたはずです。家庭裁判所、高等裁判所での話し合いを通して、子どもの面会を含めた形で協議することも可能でした。

また、Bさんの場合はこちらが慰謝料を支払う必要はありません。むしろ、妻のわがままによる離婚であることを明確にするために、「妻がこちらに慰謝料（解決金）を払うのであれば別れてもいい」という態度で臨むこともできたはずです。

以上のような可能性があることを前提に、最後までともに戦ってくれる弁護士をみつけていれば、違う展開になっていたのではないでしょうか。

8 もとの鞘に納まりたいときは？

⊙弁護士はほとんど役に立たないと心得る

妻が離婚したいと言っている状況で、何とか考え直してもらってもとの鞘に納まるというのは難しいことです。復縁は最終的には当人同士の感情問題もあるため、その点について弁護士が役に立つことはあまりありません。

しかし私たちの事務所で引き受けた案件のうち、離婚の方向で依頼を受けたにもかかわらず、結局よりを戻すことになり、めでたく依頼解消になったことも一度ならずあります。そうした経験をもとに、参考になると思われることを記しておきます。ここで取り上げるのは、〝妻に弁護士がついて本気で離婚を請求されたが、何とか復縁に持ち込みたい〟という場合の話です。

◉離婚は妻の意思、という認識を持つ

依頼者の中にときどき、「妻はおかしな弁護士にそそのかされて離婚を決意したに違いない」と言う人がいます。最初に断っておきますが、そんなことは実際にはほとんどありません。夫の暴力によって妻に身の危険が及ぶ可能性がある場合などを除けば、弁護士が妻に離婚をすすめることはあまりないからです。

経済的にみると、離婚は女性にとって不利になることが少なくありません。そのため弁護士は、離婚した場合に予想される経済的な困窮などのデメリットを依頼者によくよく説明し、それでも離婚したいという場合にだけ依頼を受けます。**不利益だとわかっていても妻の離婚の決意がゆらぐことがないからこそ、弁護士が彼女に代わって離婚を請求してきた可能性が高いの**です。

こうしたことを踏まえると、妻が弁護士を立てて離婚を要求してきた場合、「妻と直接話せばわかるはず」というのははかない望みだということがおわかりいただけると思います。さらに、多くの案件をみてきた経験からいうと、妻が夫に対して「生理的嫌悪感を覚える」「一緒にいるだけでおかしくなりそうだ」という気持ちを抱いている場合には、復縁の説得をするのはかなり困難だという印象があります。

もっとも、弁護士ではなく妻の両親や親族が離婚をそそのかしているというケースは少なか

らずあります。「あんな男とは別れちゃいなさい」というパターンです。この場合も、本人が頑なな場合と同様、翻意させるのはなかなか難しい印象があります。子どもを連れて妻が実家に帰っている状況で、しかも実家が裕福で経済的困難がないとなると、妻に対する愛情を訴え続けるしかないということになりそうです。

◉妻の立場で考えてみる

どうすれば復縁できるのか？　その答えは明確ではありません。しかし、少なくとも「うまく復縁できそうもない対応」についてはかなり明確なことがいえます。

あなたが「妻はわがまま放題の末に離婚を言い出した。自分に謝罪すべきだ」と思っているのであれば、望みは薄いと思います。たしかに、話に聞く限りはわがまま放題の妻です。場合によっては、裁判所もそんな自分勝手な理由での離婚を認めないかもしれません。

しかし、妻の離婚請求が棄却されたからといって、妻が戻ってくることはありません。**あなたが理屈で妻を裁くような態度でいる限り、妻がもとの生活に戻りたいと思うことはないでしょう。**おそらくは、その窮屈な生活に嫌気がさして離婚を決意したのでしょうから。あなたからみれば、いくらわがままなダメ人間だからといって、むしろそういう人間であればこそ、ダメ人間扱いされる環境は苦痛でしかたがないわけです。

こういう場合、一縷の望みがあるとしたら、あなたが一切の悪口や不満を持たず、「すべてを受け入れることができる人間になった」「妻のすべての欠点を受け入れて大事にする」と本気で思い、それを妻に伝えるということかもしれません。

⦿いったん離婚に応じて復縁のチャンスを待つ

リスクはありますが、いったん離婚に応じるというのもひとつの手です。

仮に離婚訴訟にまでいたってしまうと、互いの関係にしこりが残ることがあります。また、離婚の大変さから再婚に及び腰になり、復縁は難航するかもしれません。そこで、話が法廷の場に持ち込まれる前に妻の言い分を聞いてすんなり離婚し、関係をむやみに悪化させないようにしておき、復縁へのハードルを下げるという考え方です。

もめにもめた末の判決離婚ともなると、悪口の言い合いになることがあります。そのまま離婚してしまうのならそれでもいいでしょうが、将来的に関係を修復し、復縁を目指したいのであれば、そうした泥仕合は避けたほうが得策でしょう。

実際、双方に弁護士がついて調停で離婚したものの、後日再婚していたというケースもあります。弁護士をつけるところまでもつれた場合でも、再婚の目がないわけではないのです。

もっとも、**離婚後に復縁を求めてしつこくしすぎると、ストーカー規制法にひっかかること**

もあるので注意は必要です。

まとめ

- 妻が弁護士を立てて離婚を要求してきた場合、復縁はかなり難しい
- 妻のすべてを受け入れると本気で思えれば、復縁の可能性も生まれる
- すんなり離婚に応じたうえで、復縁のチャンスを待つのも手

第3章

離婚とお金

離婚の条件の中で、争点となることが多いのがお金に関する問題です。実際に私たちの事務所に相談にきた人に、相手側に支払うことになる金額のおよその見通しを説明すると、「そんなに払ってどうやって生活しろというんですか」といった感想をもらす人も少なくありません。ここでは離婚の際に支払わなければならないさまざまなお金について、詳しくみていきましょう。

1 婚姻費用

◉離婚にかかわる「4つのお金」

いわゆる離婚条件として出てくるお金の問題には、①夫婦のどちらかに非がある場合に発生する「慰謝料」、②夫婦で共同して作り上げた財産を清算する「財産分与」、③未成熟（成人年齢に達しているか否かにかかわらず、まだ経済的に自立していない状態）の子どもがいる場合に発生する「養育費」の３つがあります。さらに、④離婚に向けての話し合いや、調停、訴訟などが続いている場合、妻子の生活費としての「婚姻費用」も、広い意味での離婚にかかわるお金ということになります。

中でも、男にとって予想外に厄介なのが、「離婚までの妻子の生活費＝婚姻費用」なのです。なお、弁護士や裁判官は、離婚問題について話すときに「コンピ」という言葉を使うことがあります。これは婚姻費用を略した「婚費」のことです。

◉婚姻費用とは？

婚姻費用とは、別居期間中に夫婦の一方が他方に払う生活費です。子どもがいる場合は、妻子の分になります。どちらがどれだけ支払うかは、夫の収入、妻の収入、子どもの数と年齢に応じて、「婚姻費用の算定表」（巻末資料）をベースに決めることが多いです。妻から夫へ支払うこともありますが、ここでは多数例である、夫が妻に支払う場合について説明します。

そもそも、なぜ、別居している相手の生活費を支払わなければならないのでしょうか？　それは、夫婦間では、収入の多いほうがその額に応じて収入の少ないほうを養う義務があるからです。その義務は離婚するまで続くため、たとえ別居しても免れることはできません。離婚すれば妻は赤の他人になり、養う義務はなくなるため、婚姻費用は支払わなくてよくなります。

ですから、別居の過程を経ずに離婚した場合には、婚姻費用はあまり問題になりません。別居したまま、離婚協議→調停→訴訟とステージが進んで長期化すればするほど、婚姻費用の累積支払額が膨れ上がり、夫の肩にずっしりのしかかってくるのです。

◉婚姻費用は女の武器

婚姻費用というのは、離婚の話し合い・交渉においては妻側の武器になります。仮に婚姻費用が月額8万円としても、1年で100万円近くになります。もし調停や訴訟で1年以上の長期化が見込まれるとすれば、婚姻費用の負担はさらに大きくなります。そのため、妻が離婚を望んでいる場合はあなたを経済的に追いつめることができるため、離婚に持ち込みやすいのです。

もちろん、子どもがいる場合は、離婚しても養育費の支払いが残ります。ただ、婚姻費用と養育費を比べた場合、養育費は子どもの分だけですから、婚姻費用より少なくなります。たとえば、婚姻費用が8万円で養育費が5万円になることが見込まれる案件であれば、早く離婚することで得られるメリットは1ヵ月あたり3万円となります。

また夫が有責配偶者で、妻の同意がないと離婚できない場合に、慰謝料の額が多くなる理由のひとつも婚姻費用にあります。妻側とすれば、離婚を拒絶していれば長期間にわたって婚姻費用を受け取れるのです。それでもあえて「離婚してあげる」のですから、もらえるはずの婚姻費用分を慰謝料として一括払いで受け取れるような条件でなければ、「割に合わない」ということになるのです。

つまり、一度婚姻費用を支払う約束をしてしまうと、妻側は離婚交渉を有利に進めることができます。私たちの事務所の経験からいっても、離婚の条件を話し合ううえで、夫側が「悔しいけど、これ以上やっても……」と苦渋の決断をせざるを得なくなる背景に、婚姻費用を支払っている事実があることが多いのです。

仮に、夫が婚姻費用を支払う約束をせず、妻も調停を申し立てないという状況だと、夫の懐は痛みません。逆に妻はどんどんジリ貧になっていきますので、早く離婚して慰謝料や財産分与がほしいということになり、夫側にとって離婚交渉を有利に進められる状況といえます。ですから、別居している妻から相談を受けた弁護士は、「何はともあれ婚姻費用を請求し、支払ってもらえなければ調停を申し立てなさい」とすすめるのです。

◉支払いを拒否するとどうなる？

婚姻費用は、まずは当人同士で話し合い、決まらない場合は「婚姻費用分担調停」、それでも決まらなければ「婚姻費用分担審判」へと進み、最終的には裁判官が「婚姻費用の算定表」（巻末資料）をもとに金額を決めます。

調停や審判で決まった婚姻費用が支払われない場合、妻は裁判所に申し立てて、夫の財産を差し押さえることができます。夫がサラリーマンで妻が勤務先を知っていれば、給料が差し押さえられてしまいます。その場合、離婚でもめていることを勤務先に知られてしまううえ、離婚が成立するまでのあいだ、婚姻費用は給料から天引きされてしまうのです。

なお、妻が浮気をして家を出て行った場合には婚姻費用を支払わなくてもよいことがあるので、必要であれば弁護士に相談しながら、調停や審判などでその点をしっかり訴えかけていきましょう。

なお、現在の裁判所の実務では、婚姻費用の支払い義務は「生活保持義務」（自分の生活を保持するのと同程度の生活を妻子にも保持させる義務）と考えられています。そのため、夫の収入が多い場合、婚姻費用の額が生活保護基準を超えることもあります。

しかし、身勝手に出て行った妻に対しても、生活保持義務まで負うべきなのでしょうか？最低限度の手当で十分ではないでしょうか。なぜなら、婚姻費用の負担は、夫婦相互の助け合いの義務が根拠となっており、一方的に、助け合いを放棄して出て行きながら、相手に対してだけ義務を求めるというのは、いかにも筋が通らないからです。そうであれば、生活保護基準以上の婚姻費用を支払わなくてよいという理屈は、十分あり得るのではないかと思います。

もしあなたがこういうケースにあてはまるなら、ぜひこのロジックを使って、調停や審判で減額交渉を行ってみてください。

◉失業中でも支払わなければならない？

夫に収入がない場合は、基本的に婚姻費用を支払う必要はありません。婚姻費用を支払わなければならない根拠は、収入・財産がある者が、収入・財産がない配偶者を養うことにあるからです。

婚姻費用の支払いを決めた当初は収入があったとしても、途中で収入がなくなったり減ったりすれば、支払いを免除してもらったり減額したりすることができます。減額の話がうまく進まないときは、再び裁判所に調停を申し立てる必要があります。裁判所も「借金をしてでも相手を養え」とは言いません。

もっとも、働こうと思えば働けるのに働かない場合には、裁判所が「ちゃんと働け」とばかりに婚姻費用の支払い義務を認めることもあります。これは妻の場合も同様で、妻に収入がないからといって、形式的に妻の収入を0円として婚姻費用が決まるとは限りません。働こうと思えば働ける状況の場合には、妻にも一定の収入があるものとみなして婚姻費用が決まることもあります。

◉妻に財産がある場合

婚姻費用は、財産や収入に応じて負担を決めるべきものです。しかし、算定表には「収入」だけが書かれていて、「財産」についての記載はありません。このことからわかるように、婚姻費用を算定するうえで財産はあまり問題になりません。

しかし、収入がなくても、親から相続した遺産などで多額の預貯金をもち、優雅に暮らしている人もいます。こんなケースで、たとえば月収20万円の夫に相場通りの婚姻費用を支払わせるのは、どうにもおかしな気がします。こういう場合には、財産を年収に換算して評価するのが妥当ではないかと考えています。実際には、これまでそういう先例は聞いたことがありませんが、もし私たちの事務所でそういった案件に携わることがあれば、挑戦してみようと思っています。

c o l u m n

誰が妻を養うべきなのか？

「自分勝手な理由で出て行った妻に、どうして生活費を支払う必要があるのでしょうか？」

婚姻費用を請求された男性の中には、こんな疑問をぶつける人が多くいます。たしかに、妻が浮気をして出て行ったケースなど明確な落ち度がある場合を除き、裁判所は基本的に出て行った事情は考慮しません。なぜでしょうか？

それは、生活保護と大きく関係があると思われます。出て行った妻に生活するだけの十分な収入がない場合、基本的には生活保護費の受給対象となりますが、生活保護費の支給基準額は、夫が支払う婚姻費用より高額のことが多いのです。

つまり、夫が婚姻費用を支払っていれば、役所が支給するのは婚姻費用と生活保護基準額との差額ですが、夫が婚姻費用を支払っていなければ、役所は生活保護費の全額を支給することになります。

ここまで読んで、「こちらが払おうが払うまいが、結局もらえる額は一緒なのか。ますます支払う気が失せてきた」と思った人はいませんか？　こんなふうに考える人が多いからこそ、婚姻費用は支払われなければならないのです。

いくら自分勝手な妻であっても、妻にとって見ず知らずの人々の集まりである国民全体とあなたとを比べれば、妻に対する責任を負うべきなのはあなたのほうでしょう。つまり、あなたの妻を国民の血税で養うか、あなたが養うか、というのがこの問題のポイントです。

そうなると答えは明らかでしょう。「離婚が成立するまでは、夫であるあなたが責任をもちなさい」ということになるのです。

◉婚姻費用の基本戦略

では、婚姻費用の支払いについて、具体的にどのような方針をとるべきでしょうか？　基本戦略は次の３つです。

①調停に出席して主張する
調停のステージに進んでしまったら、ある程度の婚姻費用の支払いは覚悟する必要があります。調停を欠席しても、結局は算定表通りに支払うことになってしまいます。

算定表の金額は年収に応じて決まっているので、裁判所が決める場合は、その額を月割で支払うことになる可能性が高いです。すると、毎月の収入は少なくてボーナスの額が大きいような場合には、毎月負担するには重すぎる支払額が決められてしまいます。ボーナス時に多めに支払うような実情に沿った内容にするためには、調停に出席して説明することが大切です。

また、あなたが住宅ローンを負担している場合、それを考慮せず、算定表で形式的に決められてしまうと、とうてい払いきれない額になってしまうこともあります。住宅ローンなどあらかじめわかっている支払いについては、しっかりと調停で説明する必要があります。

また、妻側が特別な事情を主張して、婚姻費用の算定表よりも増額を申し立てる可能性もあります。特別な事情というのは、たとえば「子どもが病気で医療費がかかる」というようなことです。裁判所は基本的には算定表に従って決めますが、算定表は絶対ではなく、多少の増減をする場合もあります。何か特別な事情を主張されたときに、反論の余地があればきちんと反論できるように、やはり調停や審判には必ず参加しましょう。

②難しい問題があるときは弁護士に相談する
先に説明したように、婚姻費用を算定表だけでは決められない場合もあります。たとえば、
•あなたが住宅ローンを支払っているとき
•相手に浮気などの問題があるとき
•子どもの数が算定表の人数を超えるとき
•収入の多いほうが、子どもと同居しているとき
こうした場合には、ひとりで立ち向かわず、離婚問題に詳しい弁護士に相談することをおすすめします。調停委員もそのようなケースについての理解がない場合もあり、強引に算定表から支払額を決められてしまうことが、ないとはいえないからです。

③貯金して徹底抗戦
調停で提示された婚姻費用に納得がいかない場合は、安易に妥協せずに徹底抗戦し、最後は

審判で裁判官に決めてもらうという方法もあります。徹底抗戦をする人が増えていけば、夫側の泣き寝入りのような事案が減っていく可能性もあるでしょう。

ただし、徹底抗戦にはリスクがともないます。こちらの言い分が通らなかった場合は、調停や審判を相手が申し立てたときから、最終的に審判で支払額が決まるまでの期間の未払いの婚姻費用を一括で支払うように命じられるからです。たとえば、相手が毎月10万円の婚姻費用を求めており、こちらがそれを不当だとして抗戦したものの、半年後に裁判所が審判で10万円と決めた場合、半年分60万円の婚姻費用を一括で支払うことになります。支払えない場合は、給料の差押えを覚悟しなければなりません。

ですから、相手の要求が通る可能性がある場合は、徹底抗戦しながらも、負けた場合の一括支払いに備えて毎月少しずつでも貯金をするなど、しっかり準備を整えておくのが賢明です。

まとめ

- 別居から離婚成立までの間は、妻子の生活費である婚姻費用を支払わなければならない
- 離婚交渉が長期化すると、夫に婚姻費用の負担が重くのしかかる
- 婚姻費用の支払いを拒否するなら、給料を差し押さえられる覚悟が必要

c o l u m n

現実を思い知る妻

離婚したいという女性（妻）から弁護士（以下：弁）が相談を受ける場合、よくあるのがこんな会話です。
妻　「もう愛情をもてなくなったので夫と別れたいんです」
弁　「どうしてもやり直すことはできないんですか？」
妻　「そばにいるだけで精神的に不安定になります。子どものためにも別れたほうがいいと思います」
弁　「それでは、まず別居から始めることになります」
妻　「別居しても、生活費はもらえるんですよね」
弁　「はい。旦那さまの収入からすると、月 10 万円程です」
妻　「それでは生活できません。子どもの習い事だけで、月６万円はかかるんです」
弁　「旦那さまが、習い事の分は別に出してあげようという気持ちがあれば、交渉できるかもしれません」
妻　「無理です。夫は子どもの習い事に反対してましたから」
弁　「別居や離婚は生活費が二重になりますから、いままで通りの生活水準を維持するのは無理です。仮に離婚が成立した場合、旦那さまからもらえるお金は養育費だけになりますから、月７万円とさらに減ります。離婚を優先するのか、お子さんの教育を優先するのかを決める必要があります」

離婚の相談に来る女性の中には、いままでの生活水準を維持するのに必要な生活費を夫に負担させたうえに、慰謝料ももらうつもりの人がいます。その夢から目を覚まして現実を見つめ直してもらった結果、離婚を思いとどまる人も少なくありません。

［ケース3］調停に欠席したら、多額の婚姻費用が決定したCさん

：38歳／結婚歴7年／妻は専業主婦／子ども2人

妻が子どもを連れて家を出た。「きっとこうなる」と思っていた。妻とはこの1年ケンカばかりしていたからだ。しばらくすると家庭裁判所から連絡があった。妻が婚姻費用分担調停の申立をしたので裁判所まで来てほしいということだ。

僕たち夫婦には子どもが2人いる。妻は専業主婦だ。僕の年収は額面こそ700万円と少なくないが、ボーナス分が多いので、毎月の手取りは30万円くらいのもの。そこから住宅ローンを11万円支払っているので、収支はかつかつである。それなのに、婚姻費用とかいうものを支払えなんて、まったく、どういうつもりなんだ。僕が生活できなくなるのはわかってるはずなのに……。

本を買って調べてみると、調停には出席しなくても不利益はない、と書いてあったので、1回目は欠席した。その後、裁判所からしつこく連絡が来るのに根負けし、2回目の調停には出席した。しかし……素直に出席した僕がバカだった。調停委員は妻の言い分ばかり聞いて、こちらのことは悪者扱い。調停委員なんて大層な仕事をする人は、それなり

の人格者だと思っていたが、そうでもないらしい。あまりに腹が立ったので、思わず席を立った。

すっかり調停委員不信に陥った僕は、裁判所からの連絡を無視することにした。すると裁判所から、「調停が不調になり審判に移行した」との連絡があった。審判というのは、どうやら裁判官が決着をつけてくれるものらしい。裁判官が決めるのであれば、妻側に偏った不公平な裁定はしないだろう。そう思って審判も欠席した。

やがて裁判所から、審判で決まった内容が書かれた「決定書」が届いた。それを見て僕は絶句した。婚姻費用として毎月16万円の支払いと、調停申立から現在まで5ヵ月分の婚姻費用80万円を一括して支払えと書かれていたのだ。

手取りの30万円から11万円の住宅ローンを支払い、そこからさらに16万円の婚姻費用を支払ったら、僕の手元には3万円しか残らない。あわてて裁判所に文句を言ったが、らちがあかない。法律相談に行ったところ、金額は算定表通りで妥当だという。加えて「このまま支払わないと給料を差し押さえられてしまう」「手取り額の半分までは差し押さえることができるので、早急に支払ったほうがいい」とのアドバイスだった。給料を差し押さえられたうえに住宅ローンを支払ったら、生活ができなくなる。

妻側の弁護士から連絡があった。僕はなんとか話し合えないかとお願いしたが、一方的に妻の言い分を代弁するのみで、話し合う余地はない。結局、差押えを回避してもらうかわりに、妻に有利な条件をのむ形で離婚せざるを得なくなった。

どうすればよかった？

今回、このような結果になった原因は、3つ考えられます。そのすべてについて、調停や審判で話し合いの機会をもっていたら、もっと妥当性のある解決ができた可能性があります。つまり、婚姻費用の調停・審判に欠席し続けることは、大きなリスクがあるということです。それを踏まえたうえで、3つの原因とその対応策をみていきましょう。

①年収に対して月収が少ないのに、算定表通りの金額にされた
このような場合は、「基本戦略」の項（114ページ）で述べたように、毎月の支払いは少なめにして、ボーナス時に多めに支払うという方式にしたい旨を、裁判所に伝えなければいけません。裁判所には源泉徴収票などの年収ベースの資料しか手元にないことが多く、夫側がしっかり説明しない限りは、年収に占めるボーナスの割合が多いことを把握できないのです。**審判で金額が確定してしまったら内容の変更は難しいので、気をつけなくてはいけません。**

②住宅ローンを考慮せずに決められた
あなたが住宅ローン対象の自宅に住んでいる場合、一人暮らしには広すぎることや、妻が一方的に出て行ったためにそういう事情が生じた旨を説明すると、金額を決めるうえで考慮される可能性もあります。ですから①と同様に、こちらの言い分を裁判所にしっかりと伝える必要があります。ただし、裁判所が必ずしも夫側の住宅ローンを考慮してくれるとは限らないので、過剰な期待はできません。

なお、妻が住宅ローン対象の自宅に住んでいる場合は、家賃相当額分を婚姻費用から控除するなど、話し合いの余地は十分にあります。
③未払い分を一括払いにされてしまった
審判における決定では、調停申立時から審判のときまでの未払いの婚姻費用を一括で支払うことになるのが通常です。半年分だけでもかなりの額になります。

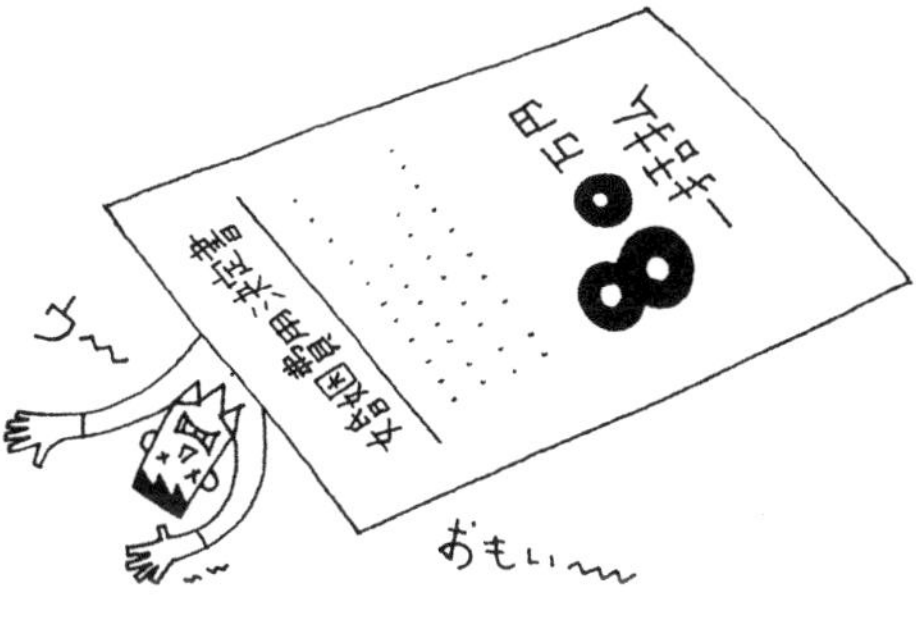

夫側が一括で支払えない場合、妻側は給料を差し押さえる権利をもっています。給料を差し押さえられることになったら、裁判所から会社に通知が行き、未払い分を給料から天引きされてしまいます。天引きされる額は、手取り額の半分までで、ボーナスからも同じく天引きされます。審判で決定される前に話し合いで支払額を決めていれば、こんな事態にはならず、分割払いが認められた可能性が高いでしょう。

2 慰謝料

離婚の際の慰謝料といえば、男性から女性に払うものというイメージがあるかもしれませんが、実際はどうなのでしょうか。ここではまず、慰謝料とはどういうものかというところから説明していきます。

◉慰謝料は必ず男が払うもの？

離婚における慰謝料とは、離婚の原因を作った側が、離婚という精神的苦痛を受けた側に対して支払う損害賠償金です。そして、慰謝料の法律上の根拠は「不法な行為によって他人に損害を与えたら、その損害を賠償する必要がある」というルールです。交通事故の損害賠償や、物を盗んだ際の損害賠償などにもあてはまる、きわめて一般的なルールです。離婚における代表的な「不法な行為」は暴力や浮気です。「損害」とは精神的な苦痛を指します。

つまり慰謝料を支払わなければならない場合というのは、自分が暴力や浮気という不法行為をして、相手に精神的苦痛（たとえば、幸せな家庭を築く夢を壊された心の傷）を負わせてしまったときです。

したがって、不法行為なくして離婚にいたった場合には、慰謝料を支払う必要はありません。ですから、「慰謝料は男が必ず払うもの？」という質問に対する答えは「ＮＯ」です。不法

行為を行っていなければ、慰謝料を支払う必要はないのです。

慰謝料は餞別などではなく損害賠償金なので、妻から夫へ慰謝料を支払うケースも当然あり得ます。妻が不法・違法な行為をした場合には、夫が妻に慰謝料を請求できるのです。

とはいうものの、実際には妻から夫に慰謝料が支払われるケースはまれです。妻には収入や財産がない場合が多いことに加えて、男が女からお金をもらうなんてみっともないという考え方も根強くあるのかもしれません。ただ、不法行為という法律の理屈上では完全に男女平等なので、妻側に非があれば、夫から慰謝料を請求してしかるべきですし、裁判所も妻の非を認定すれば慰謝料の支払いを命じます。

◉慰謝料の相場は200万〜300万円

先に説明したように、慰謝料とは「不法な行為によって損害を与えたら、その損害を賠償する必要がある」というルールに基づくものです。それに照らして考えると、慰謝料の額は、「不法行為によって生じた精神的苦痛をいくらに換算できるか?」という問題なのです。

ただ、精神的苦痛というものは、故障の度合いによって修理代が決まる家電製品と同じように金額に換算するわけにはいきません。苦痛の程度で額が決まるというのであれば、精神的苦痛を感じやすい人に支払われる額は多くなり、感じにくい人に支払われる額は少なくなるということになりかねませんが、それでは明らかに不公平です。

慰謝料の額をいくらにするかについて、法律に規定はありません。ですから裁判で慰謝料の額を決める場合は、裁判官の裁量に委ねられているということです。とはいえ、完全に裁判官の自由裁量では、びっくりするような判決が頻発することになりかねません。そこで、実際には相場に沿って決まる部分が大きいといえます。離婚の場合は、おおよそ200万〜300万円程度です。

この慰謝料の相場を考えるうえで、注意しなければならないことが2つあります。

1つめは、繰り返しになりますが、暴力や浮気といった違法・不法なことがなければ、基本的には慰謝料は払う必要がない、つまり0円であるということです。

2つめは、すべての離婚に相場があてはまるとは限らないということです。ここでいう相場は、あくまで裁判官が判決で慰謝料額を決めるときの相場です。ですから、話し合いの中で決まる慰謝料の相場とは異なります。話し合いで決まる慰謝料は、どちらが離婚を急いでいるか、離婚を望む側が有責配偶者（離婚の原因を作った側）かどうか、婚姻費用の額、財産や収入の額など、交渉での力関係に左右されるさまざまな要素によって決まってきます。

◉慰謝料が高額になる場合とは？

裁判官が決める慰謝料の相場は、高くて300万円くらいです。「高くて」というのは、ひどい違法・不法行為があった場合ということです。たとえば長期間にわたり暴力を振るい続けたとか、何度となく浮気を繰り返して家庭を顧みなかったといった場合です。

では、300万円を大幅に超えるような高額な慰謝料になるのは、いったいどういう場合なのでしょうか。それは話し合いで決まる場合で、典型的なのは、浮気をした夫が妻と別れるためにお金を支払うケースです。

浮気をした夫は、基本的には離婚原因を作り出した側なので、裁判で離婚を認めてもらうためには、長期間の別居と誠心誠意の努力などが必要となり、早期に離婚することはできません。もし夫が浮気相手の女性と一緒になりたいのなら、妻に離婚に応じてもらう必要があります。そんなときは、「これだけのお金を出すから、頼む！　別れてくれ！」と、多額の慰謝料（長期の生活保障を含む）を提示するしか、離婚できる道はないのです。

こういう場合、妻は夫と浮気相手の女性の新しい門出の助けになるようなことは一切したくないのが普通です。まずは「絶対に別れてやらない」、次に「相手に相当なダメージを与えるほどの額の慰謝料を請求する」という考えになります。そのくらいのことをしないと、腹の虫がおさまらないのでしょう。夫側の財力にもよりけりですが、1000万円単位の慰謝料も珍しくありません。

◉慰謝料を請求された場合の基本戦略

では、あなたが妻から慰謝料を請求された場合、どのように対応するべきでしょうか。基本戦略は次の３つです。

①不法行為がない場合は支払う約束をしない

繰り返しになりますが、慰謝料はあくまで暴力や不貞などの不法な行為に対する損害賠償金ですから、不法行為をした覚えがなければ支払う必要はありません。ただ、**不法行為がなくても離婚協議書で慰謝料を支払う約束をしてしまえば、その約束は有効になります。**後ろめたいことがなければ、そのような約束をする必要はありません。

なお、暴力や不貞以外の行為でも、たとえば精神的暴力（モラルハラスメント）を受けた、ひどいことを言われた、大事にしてもらえなかったといったことについて、慰謝料が問題になることもあります。しかし、これに対しては、基本的には慰謝料を支払う必要はあまりないと考えていいでしょう。

実際に裁判になった場合に、モラハラなどで慰謝料が認められるかどうかは、担当する裁判官の裁量次第です。先に、慰謝料の額は法律に規定はないため、裁判官に自由裁量権があると書きましたが、それと同様に、何が不法・違法行為であるかについても、裁判官がある程度自由裁量で判断することができるのです。

つまり、担当裁判官が夫婦生活上の諸々のことを、法律上〝違法〟というほどのひどい状況にあったと感じたら、違法行為による慰謝料が認められる可能性があります。しかしこれは、夫婦間の会話ややりとりについて国家がルールを定めて介入することを意味します。大げさなようですが、現実的にはそういうことですので、穏当なバランス感覚をもった裁判官であれば、よほどのことがない限り、夫婦間の会話ややりとりについて慰謝料を認めることはありません。

しかし、裁判官の価値観や感じ方もいろいろです。思わぬ事が、担当裁判官にとって「よほどのことである」と感じられることもあります。ですから、暴力・不貞以外の諸々については訴訟になっても基本的には慰謝料の対象にはならないが、裁判官によっては認められることもまれにある、というふうに考えておいてください。

以上のことから、自分の行いに恥じるところがないのであれば、少なくとも裁判で負けるか、負けることが明らかになるまでは、モラルハラスメントなどで慰謝料を支払う必要はありません。また判決に不服がある場合は、高等裁判所に控訴することができます。

②相場より過大な額の支払いを約束しない

前述のように、暴力や不貞などをしていて慰謝料を支払わざるを得ない場合、相場は２００万～３００万円です。ただし、この額を必ず支払わなければならないわけではありません。あなたにお金がないのであれば、もっと少額ですんだり、事実上勘弁してもらえたりすることもあります。

特に、妻がお金より離婚を望んでいる場合は、「慰謝料を払わなくていいのであれば離婚してもよい」という話をして、離婚協議書や念書などに「慰謝料は一切請求しない」旨を書いてもらい、それと引き替えに離婚届にサインするという方法をとれば、慰謝料は支払わずにすみます。

一方、**相場からみると過大な額を約束してしまった場合は、約束した以上、支払い義務があるということになる可能性が高い**です。あまりに高額、たとえば１億円であれば、現実離れした過大な額ということで、無効になる余地もあります。しかし１０００万円程度までは、個々の事情によりますが、約束通りの支払い義務が生じる可能性が高いです。つまり、後悔しても取り消せないということです。

実際の裁判で３００万円を超えるような判決が出るケースはまれです。３００万円以上の金額については、裁判になってからの話し合いの段階で、相場よりも高額な慰謝料を認める旨の

表3-1　支払総額を比較しよう

	2015年6月時点の支払総額は……
Ⓐ 2014年1月 婚姻費用の支払い開始 ↓ 2015年6月 離婚成立	婚姻費用 10万円×18ヵ月＝180万円 養育費 0円 計　180万円
Ⓑ 2014年1月 婚姻費用の支払い開始 ↓ 同年6月 離婚成立 ↓ 同年7月以降は養育費のみの支払い	婚姻費用 10万円×6ヵ月＝60万円 養育費 5万円×12ヵ月＝60万円 計　120万円

注：婚姻費用は月額10万円、養育費は月額5万円で算出
（金額は便宜的に設定したもので、実際の相場とは異なる）

裁判所の示唆があってから考えるという対応で十分です。要求された金額が妥当かどうかや、支払う必要性などについては、弁護士に相談するようにしましょう。

③婚姻費用の負担がある場合は多めに支払う決断も必要

離婚の裁判の決着がつくまでには、長い期間がかかります。その間、たいていの場合、夫側は婚姻費用という「妻子の生活費」を払う義務があります。離婚してしまえばこれを支払う必要はなくなり、養育費という「子どもの生活費」の支払いだけが残ります。逆にいうと、裁判

が長引けば長引くほど、出費が増えるということです。

表３－１で、別居開始から離婚までに１年半かかったⒶのケースと、別居開始後半年で離婚したⒷのケースについて、別居開始から１年半の間に夫が支払った総額を比較してみました。表では婚姻費用10万円、養育費５万円として算出しましたが、離婚が１年早まるだけで支払総額は60万円少なくてすみます。婚姻費用の支払いがもっと高額の場合、支払総額の差はさらに広がります。

つまり費用対効果を考えると、多少、筋が通らなくても、裁判で負けた場合に支払う慰謝料の額より多く支払っても、早期に離婚してしまったほうがダメージが少ないということもあります。こうして離婚が決着するのは珍しいことではありませんが、「何も悪いことをしていないのに慰謝料を支払うなんて……」と抵抗がある場合は、名目を慰謝料ではなく「解決金」とするというのもよくある方法です。

⊙慰謝料を請求する場合の基本戦略

では、前項の立場とは逆に、あなたが妻に慰謝料を請求する場合、どんな方針をとり、どんなことに注意すればいいのでしょうか。

①収入や財産がない相手への請求に深入りしない

現在の法制度は、収入も財産もない相手にお金を支払わせるうえでは、あまり役に立ちません。裁判だ、強制執行だ、差押えだという、いわゆる法的手段というものは、裁判を起こして判決をとり、その判決によって相手の給料の一部を直接もらったり、財産をお金に換えてそこから回収するという方法です。ですから、収入も財産もない妻からは何ももらえません。

では、妻を破産させるという方法はどうでしょうか？　現行の破産制度は、借りた人の借金をなかったことにして救済することがメインです。財産のない人にとって破産宣告を受けることのデメリットはほとんどありません。ですから、破産を申し立てても何の意味もないのです。

ということで、仮に妻があなたに慰謝料を支払うべきであったとしても、妻が専業主婦で収入も財産もない場合は、「払えません」と開き直られて終わり、ということです。裁判をすれば慰謝料を払えという内容の判決をもらうことはできますが、それ以上は何もできません。仮に妻の実家が資産家であっても、その実家から強制的に回収することはできないのです。

つまり、妻に慰謝料を請求することはできますが、妻が実家から援助を受けるなどして自らすすんで払ってこない限り、法的手続きをすすめても費用倒れになりかねません。

というわけで、現実的な資金回収を望むのであれば、収入も財産もない妻に対する慰謝料請求への深入りはおすすめできません。さらに、次の②で説明する点を考えると、深入りするリスクが明確になります。

②婚姻費用の負担に気をつける

夫婦が別居していて、夫のほうが収入が多い場合、通常、夫は妻に婚姻費用を支払う必要があります。

婚姻費用は夫婦間の協力義務なので、妻に暴力や浮気などの不法行為があって、夫が妻に慰謝料を請求できるという話とは基本的には別問題です。しかし、さすがにそんな妻が生活費を求めるのは身勝手だということで、婚姻費用の請求を認めなかった裁判例も多くあります。

ただし調停では、調停委員がこのことを知らずに押し切ってくる可能性もありますし、仮に裁判官の判断になった場合でも、浮気した妻に婚姻費用を認めるかどうかは個々の裁判官の裁量次第であるため、場合によっては婚姻費用が認められてしまうかもしれません。

婚姻費用は、離婚が成立するまで毎月発生しますので、決着が先延ばしになればなるほど、額が積み上がっていきます。これでは妻から慰謝料が支払われることになったとしても、毎月婚姻費用分だけ慰謝料が目減りしていくことになるため、争いが長引くことは、妻側にとって有利になります。慰謝料の額は重要ですが、長期化した場合に婚姻費用がトータルでどのくらいかかるかを常に意識する必要があります。
慰謝料については後から決めることにして先に離婚してしまい、婚姻費用の負担から逃れるというのも一案です。

③浮気相手からの回収を考える
妻の不法行為が浮気の場合は、浮気相手に対しても慰謝料を請求することができます。妻からも浮気相手からも慰謝料をもらうことができるのです。妻に収入や財産がなくても浮気相手にある場合には、そちらに請求するとよいでしょう。

まとめ
- 不法行為がない場合、慰謝料を支払う必要はない
- 慰謝料と婚姻費用、どちらを妻に支払うのが得策かを考える
- 妻への慰謝料請求は可能だが、納得できる結果にならないことも多い

離婚のリアルストーリー

【ケース4】浮気をして高額の慰謝料を請求されたDさん

：42歳／結婚歴10年／妻は専業主婦／子どもなし

妻に浮気が発覚し、離婚と慰謝料1000万円を請求された。浮気をしたことは確かなので、離婚はしかたない。ただ、俺に蓄えがないことを知っていて1000万円を請求するなんてどうかしている。支払いが困難なのは向こうもわかっているだろうから、何とか話し合いができないかと考えていた。

しかし、妻は1000万円を強硬に主張して譲らず、妻の実家も乗り出してきて支払いを迫る始末。こちらに非があり反論しにくい状況の中で、毎月10万円ずつ100回払いで計1000万円の慰謝料を約束させられてしまった。最終的には公正証書を作成することになり、そこには支払いを2回怠ったら全額一括払いとの内容も盛

り込まれた。そして、ついに離婚届を提出。

後日、弁護士に相談してみたところ1000万円はかなり高額だが、すでに約束してしまった以上、反故にするのは難しいと言われ愕然とした。あのとき押し切られて約束してしまった自分が情けない。毎月10万円の支払いが8年以上続くため、生活も苦しいし再婚も困難だ。いっそ破産して出直そうかと考えたが、破産してもこの支払いは免除されない可能性があるという。俺の人生、これからいったいどうなってしまうんだろうか……。

どうすればよかった?

離婚の慰謝料の相場は、判決になった場合200万~300万円です。それより大幅に高額な慰謝料は、こちらに離婚を急ぐ事情がない限り、支払う必要はありません。

この場合は、妻が1000万円にこだわるのであれば、拒絶し続けて妻が調停を申し立ててくるのを待ちます。調停になれば、調停委員から慰謝料の相場の話が出ますので、妻が軟化する可能性もあります。一方、妻がなかなか調停を申し立ててこない場合は、あなたが申し立てるという手もあります。この段階、あるいは調停が不調になりそうな段階では、妻側も弁護士に相談すると思いますので、やはり慰謝料の相場について説明を受けるでしょう。この段階までいけば、相場程度の額で話がつくことが多くなります。

［ケース５］妻に浮気をされたＥさん：45歳／結婚歴５年／妻は専業主婦／子どもなし

妻の浮気が発覚した。妻を問いただしたところ、あっさりと浮気を認め、実家に帰ってしまった。その後、妻との間で離婚の話を進めた。妻が結婚前からの貯金として３００万円くらい持っているのを知っていたので、離婚の慰謝料の相場と思われる２００万円の支払いを求めた。

しかし妻は支払いを渋っており、なかなか話が進まない。そうこうするうちに、妻が私に対して婚姻費用の支払いを求める調停を申し立ててきた。常識的に考えて、浮気をして出て行った妻に、別居している間の生活費まで渡す必要はないじゃないか。調停で事情を話したところ、調停委員は「奥さんはすぐには仕事が決まらず、生活に困っていると言っています。あなたには１０００万円の年収があるのですから、応分の支払いをすべきです。算定表に照らすと婚姻費用の額は月15万円です」と言う。

別居の経緯を話しても「離婚するまでは婚姻費用の支払い義務がある」の一点張りで、話が進まない。調停で話がつかないと審判となって婚姻費用が決められ、支払わないと給料が差し押さえられてしまうらしい。仕方なく、婚姻費用を月13万円で合意したが、いまだに妻は慰謝料を支払わないと言っている。離婚が成立するまで婚姻費用を支払うとなると、最悪の場合は調停→訴訟→控訴で1年半以上かかるとして、234万円！　私が請求できる慰謝料以上じゃないか！　まったく、これじゃあどっちが悪いのかわからなくなってしまう。

どうすればよかった？

こうしたケースでは、まずは慰謝料を求めず、早めに離婚してしまうのがいいでしょう。離婚が成立するまでの期間の婚姻費用の負担を考えると、離婚を早急に成立させるのが得策です。慰謝料は離婚と同時に決める必要はなく、離婚のときに慰謝料の放棄をしていなければ、後から請求することができます（ただし、離婚から3年を経過すると基本的に時効により請求できなくなりますので、3年以内に行う必要があります）。

また、実際の婚姻費用分担審判では、妻が浮気など婚姻関係を破壊した側（有責配偶者）の場合、夫の支払い

義務は減免されることもあります。そういった観点からは、今回の件も、審判まで頑張ってもよかったように思えます。ただし、調停は話し合いの場ですので、調停委員から支払いを説得されることもありますし、審判で必ずしも免除されるとは限りませんので、離婚先行が上策でしょう。

なお、浮気相手が特定できれば、その男に対しても慰謝料を請求することができますが、そのときに離婚が成立していないと、浮気相手は美人局《つつもたせ》を疑ってくることもあるので、その点からも、離婚を先行させたほうがよいといえます。

3 財産分与

ここでは、離婚にかかわるお金の中で、いちばん大きな額になることも多い財産分与について説明します。

◉財産分与とは？

財産分与とは、結婚期間中に作り上げた財産を夫婦で分ける手続きです。慰謝料はどちらかが不法行為をしなければ発生しませんが、財産分与は不法行為の有無にかかわらず、財産がある限り必ず発生します。ただし、結婚期間が短くてその間に築き上げた財産がない場合には、財産分与の請求は発生しません。

せいぜい数百万円のことが多い慰謝料に対して、財産分与は、熟年離婚の場合では数千万円単位になる場合もあり、離婚の際のお金に関する争点のメインになることも少なくありません。養育費も総額としてはかなりの金額になりますが、財産分与は一括払いなので、離婚に関するお金の問題の中でも存在感は大きくなります。

財産分与の対象財産として代表的なものは、預貯金と自宅です。それ以外に、車、株、財形貯蓄、保険、退職金なども対象となります。いわゆる年金分割も、一種の財産分与の性質をもっています。

◉結婚期間中に作った財産だけを分ける

一般的に、夫婦は役割分担をします。典型的なのは夫が外で働き、妻が家のことを預かるという高度成長期の夫婦モデルです。その役割分担の結果、自宅や預貯金といった財産が形成されます。
それらの財産は、便宜上、夫名義または妻名義にしています。子ども名義にしている場合もあるかもしれません。普通に生活している分には、それでも何の不都合もありません。しかし、いざ離婚になったとき、夫名義のものは夫のもの、妻名義のものは妻のものということになると、不公平が生じかねません。そこで、夫名義であれ、妻名義であれ、結婚期間中に作った財産は公平に分けましょう、というのが財産分与の趣旨です。
ただし、夫や妻名義になっている財産のすべてが財産分与の対象になるわけではありません。対象となるのは夫婦の協力で築き上げたものだけです。夫婦の協力と無関係な財産は、財産分与の対象にはなりません。具体的には、
•結婚前から持っていた財産（結婚前に貯めた預貯金など）
•実家からの相続によって手に入れた財産
の2つです。
また、ある程度の別居期間をおいたうえでの離婚の場合、別居後は夫婦の協力関係がありませんので、別居のときまでに作り上げた財産を対象にするのが通常です。預貯金や生命保険の解約返戻金については、別居した日の額を基準にすることが多いです。

◉なぜ半分もとられてしまうのか?

財産分与では、基本的には夫婦で財産を半分ずつに分けることになります。2で割ればいいのですから、一見単純に決まりそうですが、実際にはいろいろな問題があります。

たとえば、自宅を購入した際に頭金を結婚前からの預貯金と一方の親からの援助金で出し、離婚の際にはまだ住宅ローンが残っている、といったことはよくある話ですが、そういう場合の計算はかなり複雑になります。

ところで、財産分与は半分ずつと法律で決まっているわけではありません。法律には、「まず話し合って決めなさい。話し合いがつかなければ裁判所が決めるが、裁判所はいろいろな事情を総合的に考えて決めなさい」と定められています。ですから、話し合いで夫が6割、妻が4割と決めても何ら問題はありません。

また、いろいろな事情を総合的に考えて決めるという法律の考え方からすれば、「妻は仕事をしていないし、子どももいない。飯といえば食べ物とはいえないようなものが出てくるし、俺も仕事が忙しいからほとんど家では食べない。部屋も散らかしっぱなしで、少しは掃除しろと注意すれば、家事は男女平等に分担して、と言ってくる。そのせいで喧嘩になって、仕事中もイライラするし、協力というよりは妨害だ。財産分与でお金を払うどころか、逆に俺が渡した金を戻してほしいくらいだ」——夫のこういった主張は、どんな事情があっても機械的に半

図 3-1　財産分与の割合は妻の働きとは無関係

【妻が仕事と家事と育児を両立させている働き者でも……】
＋
【妻が仕事を持たず、家事も育児も手抜きをしていても……】
＋
財産分与は半分ずつ！

分にするという考え方よりも、法律の趣旨に即しているといえるでしょう。

ところが残念ながら、いまの裁判における財産分与の現状では、こんな妻の場合でも半分は持って行かれてしまいます。「いまの」といいましたが、以前は、専業主婦の場合は3割程度のことが多かったのです。

財産分与の本来の考え方は、〝貢献度に応じた分配〟ということです。民法には、「裁判所は財産の額その他一切の事情を考慮して、分与をさせるべきかどうかや、分与の額を決める」とあります。つまり本来の考え方からすれば、ろくに家事をしない〝自称〟専業主婦に、分与の権利はないことは明らかです。ところが実際は、このような場合でも、裁判所が半分の権利を認めてしまうというのが現状です（143ページ図3－1）。

その理由のひとつとしては、貢献度を決めるのがきわめて難しい、ということがあると思います。たとえば専業主婦の場合、どの程度の家事を負担していれば貢献したと認められるのか基準が不明確ですし、それを裁判所が判断することは困難です。また、共働きで仮に夫婦の収入が同じであっても、家事負担は妻のほうが大きい場合には、妻の貢献度をどの程度大きいとみなすか、という問題が生じます。

しかし一番の理由は、これまでの離婚裁判で、妻側が「財産分与は半分が妥当だ」と強く主張し続けて、裁判所の運用を変えてきた歴史があることだと思います。

逆にいえば、現状の半分という割合に納得がいかないのであれば、あきらめることなく、自らの言い分を粘り強く主張し、徐々に裁判所を動かしていくことが必要です。たとえば、あなたが人よりも頑張ったから、有能だったから増やすことができた預貯金、あなたが嫌なことに耐えてきたから多く手に入れることができた退職金、そういった血と汗と涙の結晶が財産分与の対象になるわけですから、貢献度は堂々と主張していくことをおすすめします。

もちろん、現実の裁判の見通しとしては、やはり2分の1になってしまうことを覚悟する必要はあります。でも、皆が2分の1でもしかたがないと思って何の主張もせずにいたら、10年後も2分の1ルールは維持されているでしょう。逆に、多くの人が納得がいかないと言い続けていれば、10年後は変わっているかもしれません。ですから、将来、裁判で「夫の取り分は2分の1以上」が認められるためにも、現状にとらわれず、自分の思うところを堂々と主張していきましょう。

◉扶養的財産分与に注意

「たいした財産はないから、財産分与については気にしない」または「財産はあるにはあるが、半分あげるのは覚悟のうえだ」と考えている場合でも、落とし穴になることがあるのが扶養的財産分与です。

これは、いまある財産の清算ではなく、離婚した妻が今後生活していくための費用を財産分与名目で払うというものです。子どもについては、離婚してもあくまであなたの子どもですから、子どもの生活費＝養育費を払う必要があります。でも、妻は離婚したら他人であり、本来なら生活費の面倒をみる必要はありません。

ただ、現実の男女の結婚状況をみると、夫婦共同生活の都合によって、女性が結婚にともなって退職することは珍しくありません。その場合、離婚後に再就職しようとしても、通常は、結婚退職せずに仕事を続けていた場合よりも大幅に不利な条件になります。ですから、自分の生活の糧を自分で稼げといっても、その通りにできるとは限りません。

一方、ずっと仕事を続けてきた男性は、結婚・離婚という過程でそのような不利益は受けません。こうした事情を考慮して、離婚後もある程度は妻の生活費の面倒を夫にみさせるべきという考えに基づくのが扶養的財産分与です。

扶養的財産分与が問題になりそうな場合には、「妻は結婚を区切りに会社を辞めたが、それ以前から職場の人間関係に行き詰まり転職を考えていた」といった退職の経緯、「結婚している間に社会保険労務士の資格をとったので、それを活かして働けるはずだ」といった今後の収入を得る能力、また、本来なら扶養義務を負うべき妻の実家に十分な資力があることなどを主張していくことが必要となります。

◉財産分与の基本戦略

財産の範囲が明確な場合、じつをいうと財産分与はあまり大きな争いにはなりません。あなたが納得いくかどうかは別として、単にそれを半分にするだけです。

財産分与が大きく問題になるのは、財産隠しが疑われる場合や、住宅ローンが残っている自宅がある場合、妻の実家名義の土地に夫名義の家を建てたため自宅の権利関係が複雑な場合などです。これらのケースの戦略として、次の2つが考えられます。

①裁判を覚悟して、妻の財産隠しを暴く

家計の管理を妻に任せっぱなしにしていた場合、いざ蓋を開けてみると、預貯金などの財産がほとんどないということもあります。そうなると疑われるのが、妻の財産隠しです。家計から少しずつへそくりを捻出し、妻名義の預貯金にしてどこかに隠してあるのではないか、ということです。

このような場合、**妻は離婚に備えて必死に隠し財産を作ってきたわけですから、出せと言ったところで素直に従うはずがありません。**これは、調停に進んでも同じです。妻が隠し財産を明らかにしない場合は、「調査嘱託」という裁判上の制度を利用する方法があります。

調査嘱託とは、離婚調停や離婚訴訟になった場合、裁判所から銀行などに対して、預貯金の有無や取引内容について調査を求める手続きです。調査嘱託を利用すれば、相手名義の口座の取引履歴を調べることができます。もっとも、日本に存在するすべての銀行を網羅的に調べることができるわけではなく、「○○銀行の○○支店」というレベルまでわかっている必要があります。

もし銀行名・支店名が判明していない場合は、まず自分の取引銀行に連絡をして、自分の給料の振り込み口座からの送金履歴を照会し、妻名義の口座が出てこないか調査します。そこで

妻名義の口座が判明したら、調査嘱託を利用して取引履歴を調べます。その取引履歴上に別口座への送金などがある場合は、さらに調査嘱託を利用して、その振り込み先口座を調査します。こうして、相手が隠している定期預金などを発見することができる場合があります。

調査嘱託は調停でも利用できますが、調停では自発的な情報開示を尊重して、当事者が自分から情報を出してくるまで待つことが多く、裁判所はあまり積極的ではありません。その点、訴訟になれば有効に利用できることが多いです。

ただし、調査嘱託を利用すると、妻側も対抗して「夫にも隠し財産があるはず」と言い出し、こちらの預貯金口座の履歴も裁判所の手続きで明らかにするよう求めてくることになります。あなたにも隠し財産がある場合や、見られたくないような取引履歴がある場合はヤブヘビになりかねないので、注意が必要です。

②住宅ローンが残っているときは、養育費の支払いを考慮して交渉する
あなたが自宅の住宅ローンを負担している状況で、その自宅に離婚後も妻子が住み続けたいという話になることは珍しくありません。このような場合、形式的な理屈からすると、住宅ローンは夫個人の借金であり、財産分与とは無関係。したがって養育費の算定にあたっても借金の支払いは考慮しない、などということになりかねません。そんなことになったら、あなたの

生活が破綻します。
住宅ローンが残っている場合は、妻子があなた名義の自宅に住む分の利益を考慮して、養育費の減額などの交渉をしていく必要があります。妻側はこれまでの生活を維持することに固執し、あなたが破綻しかねない要求を平気でしてくることも多いので、強気の交渉が必要になることもあります。

まとめ

- 結婚期間中に夫婦で築いた財産は、半分ずつに分けるのが基本
- 財産に対する妻の貢献度が低いと考えるなら、あきらめずに交渉すべし
- 妻の財産隠しが疑われる場合、調査嘱託を利用して追及できる

c o l u m n

あなたの収入は妻の貢献によるものなのか？

あなたの収入が多い場合、それは妻の貢献によるものなのでしょうか？

そうとは限らないでしょう。同じだけ働いたとしても、給料のいい会社もあれば、そうでない会社もあります。また、専門職として資格をもって働く人とそうでない人とでは、やはり給料の額も変わってくるのが通常です。でも、その間の妻の支え、つまり家事労働の内容は、給料のよい会社でもそうでない会社でも、専門職でもそうでなくても、あまり変わらないと考えることもできます。

そうすると、収入が多いのは妻の貢献とはさほど関係ないといえるかもしれません。給料のいい会社に就職できたのは、結婚前に努力していい大学に入ったという学歴によるものかもしれませんし、収入が何らかの資格に基づくものであれば、その資格を取得できたのは、結婚前にあなたがいろいろなものを犠牲にして頑張ったからかもしれません。

つまり、高収入を生み出しているのは、あなたの結婚前の頑張りによる貢献が大きいという可能性もあります。もしそうであれば、その結果積み上げることができた財産の貢献度が半分ずつというのは、いささか不合理です。

もちろんあなたが、「思いっきり仕事に専念できたのは、妻が家事を完璧にこなし、しっかり子どもを育ててくれたおかげだ。さほど多くない給料から家計を上手にやりくりしてくれた結果、自宅も手に入ったし、多少なりとも蓄えもできた。妻には頭が上がらない」などという状況なら、半分でも納得がいくかもしれません。

離婚のリアルストーリー

【ケース6】妻の実家の土地に家を建てたFさん：46歳／結婚歴10年／妻は専業主婦／子ども1人

結婚してからずっと、妻とも妻の実家とも関係は良好だった。子どもが生まれ、賃貸アパートでは手狭になったため、妻の実家の土地に自分名義の自宅を建てた。自分名義でローンを組み、毎月10万円を支払っている。土地はタダで使用させてもらっていた。

ところが徐々に夫婦関係がおかしくなり、ついには離婚という話に。すでに妻への愛情はなくなっていたから、離婚自体はやむを得ない。子どもも妻が引き取ることになった。

問題は、家をどうするかである。自分としては売るしかないと思っているが、妻の実家は土地を手放す気はないという。建物だけの売却などできるはずもなく、話はまったく進まない。妻は、このまま自宅に住み続けたいが住宅ローンは負担できないという。自分が住むのにローンは俺に払わせるなんて、そんな虫のいい話が通ると思っているのだろうか？

結局、この問題が進まないために調停が不調に終わり、離婚訴訟になった。そして出たのが次の判決だ。

• 子どもを引き取る妻は現状維持の生活ができることが望ましいため、夫婦の共有財産である建物は妻が手に入れる

・この建物の価値は、所有者である夫に土地を利用する権利がなく無価値であるから、妻が建物を入手する代価として、夫に支払われるべきものはない
・夫の住宅ローン月額10万円は夫個人の債務にすぎず、離婚手続きでは判決の対象外。つまり、今後も夫が負担し続ける
・子どもの養育費は毎月8万円支払う必要がある

裁判所は俺に死ねと言っているのだろうか？　住宅ローンと自分の家賃と養育費を払い続けるなんて、無理に決まっている。裁判所と妻はグルなんじゃないかと疑いたくもなるが、判決後に相談に行った弁護士によると「淡々と手続きを進める裁判官にあたった場合には、あり得る判決ですね。良識的な裁判官であれば、もう少し事情を考慮した判断をしてくれるかもしれませんが、あなたは運が悪かったのでしょう」だそうだ。

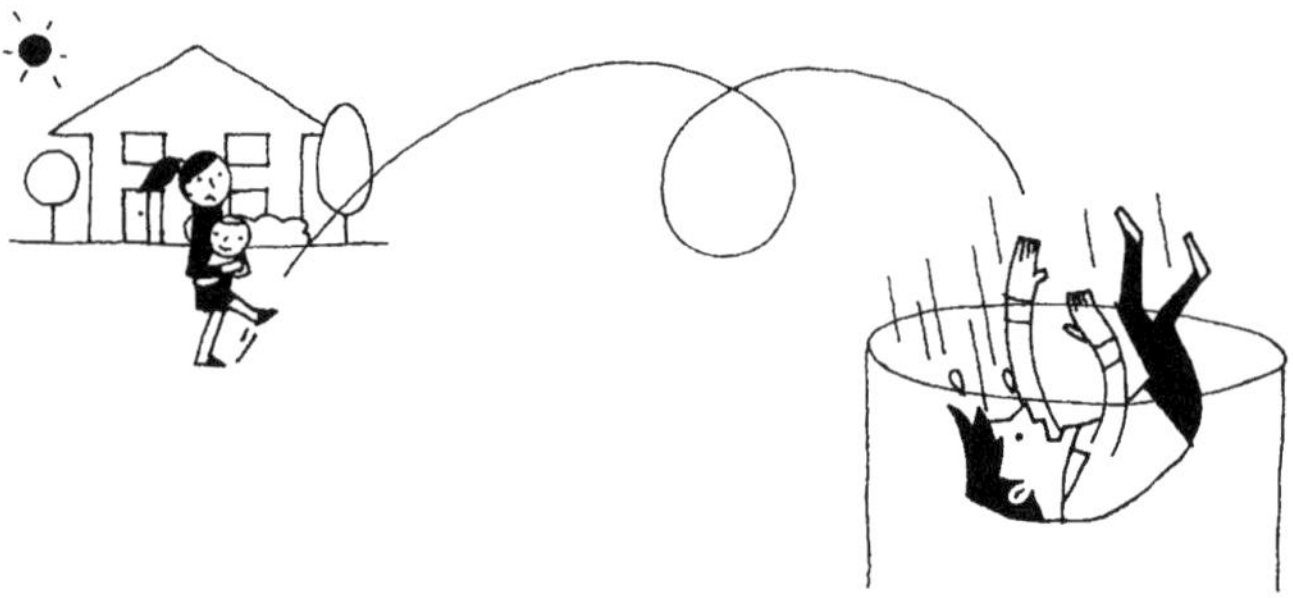

どうすればよかった？

この場合、夫には破産をする覚悟が必要になります。しかし交渉が成立しさえすれば、実際に破産することはありません。タフな交渉が必要になりますが、それには以下の２点を交渉材料として使います。

まずは、夫が破産したらどうなるかということです。破産というと非常に抵抗を示す人もいますが、他に財産がなく、たとえば警備員や保険外交員（保険募集員）のような破産が欠格事由となる（資格が剝奪されるなど）職業でなければ、大きなデメリットはないのです。破産した場合、住宅ローンの滞納ということになり、自宅が競売に掛けられます。妻は当然、自宅に住めなくなります。親の土地が抵当に入っている場合は（たいていはそうです）、それも競売になってしまいます。

もう一点は、妻側にはこの競売を防ぐ方法がないということです。さらに、妻はローンの支払い状況を把握することすらできず、夫がローンを滞納していても知るすべはないのです。滞納が続くと、ある日突然銀行から一括請求の通知がきて、払えない場合は自宅と土地が競売にかけられます。

それを防ぐために、妻は自分名義の通帳からローンを支払う、と言ってくるかもしれませんが、銀行はローンの債務者の名義以外の口座からの引き落としには、なかなか応じてくれません。妻が銀行に問い合わせたところで、住宅ローンの支払い状況は債務者本人でないと教えられない、と言われる可能性が高く、夫から銀行に「妻から連絡があっても教えないでくれ」と一報を入れられれば、もはや知ることはできません。

つまり妻側からみれば、夫の一存によって、滞納→一括請求→競売という最悪のストーリーがいつ始まってもおかしくないということです。こんな不安定な生活がローン完済まで続くのは、妻にとって耐えられるものではないでしょう。

このように現実的に考えてみると、一見、妻にとって有利な状況ですが、じつは必ずしもそうとはいえないことがわかります。前述のような判決が出ることは、その実、妻にとっても良い解決方法とはいえません。これを妻側に理解させることができれば、夫名義の建物の価値を正当に評価して、妻の実家に買ってもらうなり、共同して売却して清算するなり、妥当な解決方法に向かって進む可能性が高くなります。

ですからまずは妻側に、住宅ローン・養育費・自分の家賃を背負わされたら破産するしかないこと、すぐには破産しないにしても、破産したらいつでも家が競売にかけられてしまうことを明確に伝えることが肝要となります。

ところで、ここで説明したのは、相手との任意の交渉による場合です。ではこれが、裁判の判決の場合はどうなるでしょうか。先に「良識的な裁判官であれば……」と書きましたが、その良識的な裁判官に期待できる判決を考えてみましょう。
まず、自宅建物の名義は夫のままで妻の賃借権を設定し、妻が夫に家賃を払うという方法が考えられます。ただし、財産分与として賃借権を設定するというのは、かなり特殊な例になります。そして、ローン完済後に妻が、「子どもも成長したし、家を出たい」となった場合、土地は妻の実家のものなので、夫は自己負担で家を撤去しなければならなくなります。そうすると、必ずしも妥当とは思えません。最終的には、
•自宅を妻の名義に変更する
•その対価として、妻は自宅の価値相当額（建物の評価額）を財産分与として夫に分割で支払う（1回の支払額は家賃相当額程度）
という方法が、もっとも妥当な気がします。
ただし、特殊な内容であり、このような内容の判決が出るかどうかは、正直なところ、やってみないとわからないというのが本音です。
また自宅建物の評価額についても、住宅ローン残額相当額と評価されれば問題はありませんが、それよりもかなり少ない額になってしまう（市場価値としては0円でしょう）可能性もあります。

【ケース7】妻の財産隠しが疑われるGさん：43歳／結婚歴20年／妻は専業主婦／子どもは2人

妻とは大学で知り合った。おとなしくて真面目な性格を気に入って、卒業後に結婚。その後20年間、妻を信頼して家計の管理はすべて任せていた。自分はあまりお金に頓着しない性格だし、妻は適宜うまくやってくれているだろう、いや、専業主婦なんだからそのくらいやってくれないと困る、そう考えていた。まさか、その信頼が裏切られる日が来ようとは。

突然、妻に離婚を言い出され、別居後に調停を申し立てられた。たしかにここ10年ほど、妻との会話はほとんどなかった。もともと無口な妻は、自分の感情を口に出して訴えることもなかったから、相当ためこんでいたのだろう。気持ちはわからなくもないし、離婚はやむを得ないと思った。そこでふと頭をよぎったのが、預金の残高だ。一切を妻に任せていたため、自分ではどこの銀行に預けているかすら知らない。妻に聞いてみると、「ほとんどない」と言う。そんなはずはない！　いまの俺の年収は1000万円を超えている。贅沢はほとんどしていないし、妻も地味なタイプだ。そんなに使っているわけがない。しかし、何度問いただしても、「ないものはない」の一点張りだった。

しかたがないので、「預金がないはずがない」という言い分を調停で主張したが、通帳などの確たる証拠がないのだから、ただの絵空事としてしか扱われない。結局、「別居時に残っている財産を分けるのが財産分与だから」という調停委員の言葉通り、ほとんど何の財産もない状態のまま離婚になってしまった。いまにして思えば、妻は無口な仮面の裏で計画的に財産隠しをしていたのだろう。汗水たらして働いた金をとられたのだから悔しくてならないが、それもこれも妻に家計を任せていた俺がまぬけだったのだ。「げに恐ろしきは無口な妻」である。

どうすればよかった？

財産分与では、基本的には別居時に存在している（額が判明している）財産を分けることになります。ですから、この件のように、何かおかしい、どこかに隠しているはず、という疑いがあっても、隠し財産が発見できなければ何もできません。したがって、かなり本腰を入れ

て調査に取り組む必要があります。

離婚調停や離婚訴訟になった場合、裁判所から銀行などに対して預貯金の有無や取引内容について調査を求める「調査嘱託」という手続きを利用できます（147ページ）。ただ、調停の場合は裁判所が消極的なことも多く、弁護士に依頼せずに対応している場合は、調査嘱託の存在すら知らされないまま、という可能性も少なくありません。隠している（と予測される）額にもよりますが、少なくとも100万円単位の預貯金隠しが疑われる場合には、訴訟手続きへの移行も考え、弁護士に依頼して調査嘱託を利用することを考えたほうがいいでしょう。

ただし、相手が徹底的に痕跡を消すために、振り込みを利用せず現金で動かしていた場合は、隠し預貯金が発見できないこともあります。

c o l u m n

妻の貢献度を正しく算出する方法はある？

夫婦の財産に対する妻の貢献度は、いったい何パーセントが妥当なのか？　それをざっくりではなく、緻密に出す理論を考えるのは、なかなかたいへんです。

一案として、賃金センサス（官庁の行う大規模調査で、職種や学歴別の平均賃金がわかる）などの平均賃金データと、結婚当初から現在にいたるまでの給与収入（源泉徴収票があればすぐにわかりますが、長期にわたり保管している人はまれかもしれません）の推移を比較し、平均的な収入までは妻の貢献度を半分としても、平均を超える部分は夫の頑張りによるところが大きいとみなして妻の貢献度を半分以下の割合で考える、という方法があるかもしれません。

さらに、平均的な収入分と、平均を超える部分とが、それぞれどの程度財産に貢献しているのかを検討する。そのうえで、その他の事情（妻が家事をどの程度頑張っていたのか、一方だけが贅沢をしていないかなど）も考慮して最終的な割合を決める……かなり複雑になりそうですね。

また、共働き夫婦の場合、単純に家計全体に対する妻の収入の割合がそのまま貢献度になる、と考える人もいるでしょうが、そうはなりません。なぜなら、それでは家事や育児に対する貢献度がまったく考慮されないことになるからです。

そのため、夫婦が分担していた家事や育児について、それぞれがどの程度の割合で貢献していたかを検討する必要があります。しかし、これも簡単に数値化できるものではありません。

以上のような次第で、結局は「なんだかわからないから」「うまく数値化できないから」半分ということになってしまったのではないかという気がしてきます。

4 養育費

離婚にともなうお金のうち、養育費は子どもがいなければもちろん問題になりませんし、子どもがいたとしても毎月の支払いは大きな額ではないので、慰謝料や財産分与に比べると目立った争いにはならないこともあります。ただ、支払総額で考えると、仮に毎月5万円ずつ支払っても1年で60万円、15年支払えば900万円と、かなり大きな額になります。

⦿養育費とは？

養育費とは、離婚後の子どもの生活費です。

離婚をすれば妻とは他人ですから、妻の生活の面倒をみる義務はありません。しかし、親子関係は切れませんから、母親が親権者となり、子どもは母親と同居することになっても、父親として、子どもの生活の面倒をみる義務は残ります。一緒に住んでいなくても、養育費を払う義務があるのです。

◉金額はどう決める？

養育費の金額は、当事者間の話し合いによって決まります。ですから、**払うという合意がなければ基本的には払わなくてもいいですし、一度合意してしまえば、いくら多額であっても払う義務が生じます。**ただし、払うという合意がなくても、相当額の子どもの生活費を後日請求されることがないわけではありませんので、ある程度の覚悟はしておいたほうがよいでしょう。

また、話し合いで額が決まらない場合は、裁判所が決めます。離婚訴訟に進んだ場合は、通常、判決で離婚と同時に決めます。離婚の際に養育費を決めなかった場合は、離婚後に調停や審判を起こして決めることになります。

裁判所が額を決める際には、一般的には「養育費の算定表」（巻末資料）を基準とします。この算定表はよくできたもので、通常、算定表より少しでも多く払った途端に、払う側の生活は厳しくなりますし、逆に少しでも少なくした途端に、もらう側の生活が苦しくなります。算定表からずれた額で合意してしまうと、どちらかにしわ寄せがくることを覚悟する必要があるといえます。

◉支払い期間は？

養育費の支払いは子どもが成人（20歳）になるまで、と決めることが多いようです。しかし、大学に進学した場合、20歳ではまだ卒業していません。大学進学中の費用をどうするかについて厳密な決まりはないのですが、両親とも大卒の場合や、両親ともに子どもの大学進学を望んでいる場合などは、大学卒業まで面倒をみることが多いです。

また、子どもが高校を卒業後すぐに就職して自活したような場合、たとえ支払い期間を20歳までと決めていたとしても、自活後は支払う必要がありません。養育費は、自分で収入を得ることができない子どもを養うためのものですから、子どもが自活した場合は受給の対象にならないのです。

◉途中で減額できる？

養育費の額は、一度決めても後から変更することが可能です。むしろ、子どもの成長や親それぞれの収入の変化など、実状に合わせて変更していくべきものです。

養育費の減額を求め得る事情としては、次のようなものがあります（母親が親権者となり父親が養育費を負担している場合）。
・母親の収入が増えた

・父親の収入が減った
・母親が再婚し、再婚相手と子どもが養子縁組をした
・父親が再婚して子どもができ、扶養すべき親族が増えた
ただ、こういった事情があればすぐに減額できるというわけではありません。たとえば収入の増減であれば、養育費を決めた時点で予測できる範囲を超えて収入の増減が生じたと認められる場合は、決め直すことができるとされています。

相手が減額の要求に応じない場合は、裁判所に調停を申し立てます。調停が始まっても相手が頑として減額に応じない場合は、審判で裁判所に決めてもらうことになります。

また、子どもの成長にともなって必要な生活費が高額になることや、父親の収入の増加、母親の収入の減少によって、養育費が増額される可能性もあります。

◉養育費の基本戦略

養育費には算定表という基準があるので、戦略によって大きく額が変わることはありません。ただ、長期にわたるため、**月額ではわずかな金額差であっても支払総額では大きな差になり得ます**し、はじめに額を決めた当時から事情が変化する可能性もあります。それを踏まえた養育費の基本戦略は、次の3つです。

①わずかな額でも節約

養育費は「月額○円」と決めることが通常です。その額は、1年、5年、10年と経ったときの総額も考慮して決めたほうがよいでしょう。たとえば、5万円と6万円では、毎月の支払額でいうと1万円の差ですが、1年では12万円、10年では120万円の差になります。きりのよい数字にこだわらず詳細に検討し、5万5000円など、半端な額になってもよいのです。

子どものためのお金ですから、あまり出し渋るのもどうかと思うかもしれません。もちろん、支払い可能な額であればいいのですが、養育費を調停で決めたり、公正証書にしたりした場合は、決めた額を支払わなければ給料が差し押さえられてしまいます。急に収入が減るなどして支払いが困難な事情が生じたとしても、その額を変更するには相応の手続きが必要になってきます。あえて最低ラインの額に決めておいて、余裕があるときに余分に支払うようにしておくと安心でしょう。

また、たとえば月に5万円か6万円かという場合に、頑張って6万円にしても、妻子からの感謝は一瞬です。そのあとは6万円が当たり前になってしまうでしょう。月額は5万円にしておいて、余裕があれば年に1回12万円を別途送るほうが、感謝される可能性が高いといえます。

このように、離婚の条件として決める養育費の額はできる限り節約しておくことが肝要です。ただし、養育費の額にこだわりすぎて離婚交渉や調停が長期化すると、婚姻費用の支払い期間も長期化するため、男性側にはデメリットが大きいことも覚えておきましょう。

②複雑な場合は、専門家に相談する

養育費は、算定表に沿った額にすれば妥当な場合が多いです。それ以上の額を支払うと、かなり困窮してしまうことも少なくないので、算定表の額以上は約束しないほうが無難です。ただ、算定表を利用して額を決めても、男性側に過酷なことになってしまう場合がありま す。たとえば、あなたが住宅ローンを負担していて、その家に別れた妻と子どもが住む場合や、子どもが複数いて、あなたも子どもを引き取る場合などです。

このような場合、交渉次第では養育費を算定表の額以下に減額してもらえる可能性がありま す。ただし、妻側の弁護士はあえてこちらに有利な話は教えてくれませんし、調停委員に知識があることも期待はできません。ですから、離婚案件の経験が豊富な弁護士に相談して、算定表通りの額を支払わなければならないのかどうか、どうすれば減額してもらえる可能性があるのか、助言をもらったほうがいいでしょう。

③状況が変わったら額は変更できることを覚えておく

離婚の際に養育費の額を決めたからといって、いかなる事情があっても支払わなければならないわけではありません。たとえば、こちらが病気で失職して無収入となった場合は、子どもを養育する義務もなくなり、養育費を支払う法的な根拠がなくなります。養育費は借金をしてまで支払うものではないので、事情が変わった場合は減額や免除を求め、話がつかないようであれば調停などの手段を講じましょう。

ところで、一度決めた養育費の変更は、いつからできるのでしょうか。たとえば、失職した場合はいつから支払い義務がなくなるのでしょうか。失職したときでしょうか。調停を申し立てたときでしょうか。裁判所が変更を決めたときでしょうか。裁判所が決めたときであれば、どこまで遡って変えてくれるのでしょうか。

じつは、変更については明確な基準や運用が定まっているとは言い難い部分があります。ですから、できるだけ早く別れた妻に事情を話し、応じてくれなければ早めに調停なり審判なりを申し立てたほうがいいということになります。

まとめ

- 子どもと一緒に住んでいなくても、養育費の支払い義務がある

- 養育費の額は、通常は算定表に沿って決める
- 子どもの成長のほか、失業、再婚といった状況の変化に応じて、支払額は変更できる

離婚のリアルストーリー

［ケース8］養育費のため多重債務者になったHさん
：40歳／５年前に離婚／元妻は離婚後パート勤務／子どもは２人

調停で離婚するにあたり、妻が２人の子どもの面倒をみて、俺が２人分の養育費を月に10万円支払うことになった。当時の俺の収入は比較的高かったし、幸いにも会社の配慮で社宅に入ることができたので、なんとか普通の生活が送れていた。もし学費などで臨時の出費があるときは、いつでも相談に乗るつもりだったし、それに備えて多少の貯金もしていた。

その状況が変わったのは、離婚から2年後。会社の業績が著しく悪化し、ボーナスの額は3分の1以下になった。さらに、残業がほとんどなくなったので月収も大幅にダウンし、年収ベースでみると離婚時の7割程度になってしまった。

そうなると、毎月10万円の養育費が重くのしかかる。自分の生活が成り立たなくなり、はじめのうちは貯金を切り崩していたが、あっという間に底をつき、子どものための臨時の出費に備えていた貯金にも手をつけざるを得なくなった。

やむなく別れた妻に養育費の減額を相談したものの、「子どもが大きくなってお金がかかる、もっと増やしてほしいくらいだ。減収はそちらの事情であって、こちらには関係がない」と言って話にならない。そうはいってもこちらは家賃さえ払えなくなると説明したところ、「一度でも支払わなかったら、裁判所に行って給料を差し押さえる」と切り返されてしまった。

そんなことになったら会社での立場が危うくなり、さらに支払いが難しくなるだろう。

しかたがないから、カード会社から借り入れして支払うことにした。しばらくは乗り切っていたが、そのうち

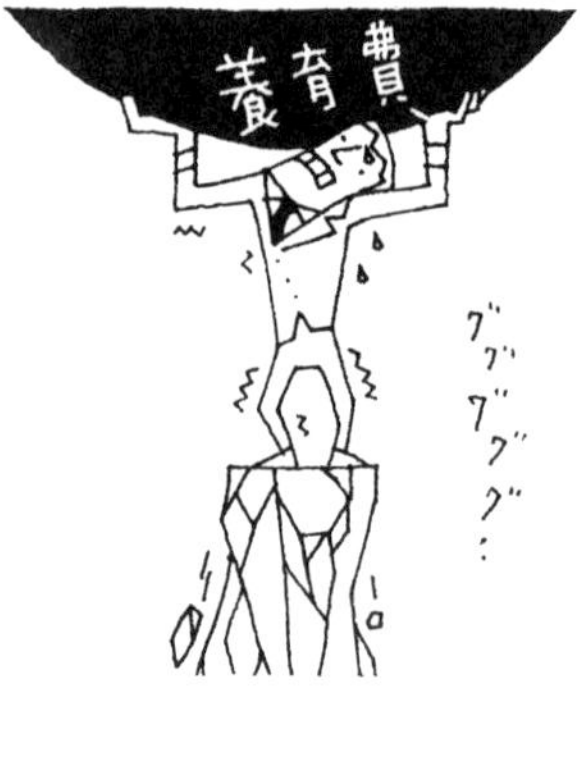

カードの借り入れ枠も一杯になり、いつの間にか多重債務の状況に陥ってしまった。このままでは、破産するしかない。

どうすればよかった？

今回のような大幅な減収の場合は、養育費の額を決め直したほうがよいでしょう。

いつから減額にすべきかという点については、給料が下がったときからという考えもあれば、調停申し立てのときからという考えもあります。ですから、相手との交渉が進まないときは、すぐに調停を申し立てたほうがよいでしょう。

なお、妻も仕事をしているのであれば、その際には妻側の収入なども明らかにするよう求めることができます。離婚時よりも妻の収入が増加していれば、その点も考慮して減額することができます。

第4章

離婚と子ども

～子どもは母親のものなのか～

夫婦の間に未成年の子どもがいる場合は、離婚に際して子どものことについても決めなければなりません。

この問題の中でもっとも重要なのは、今後どちらが子どもと一緒に暮らすのかという点です。これは一般に、どちらが親権を持つかという問題とかかわってきます。子どもがどちらの親と暮らすのかが決まったら、次に、一緒に暮らせない親が子どもと会う機会をどの程度確保するのかという面会交流の問題が出てきます。子どもの生活費である養育費の問題もありますが、これについては第3章で詳しく説明しています。

1 親権

⦿親権の有無が子どもとの関係を決める

親権とは、未成年の子どもを監護、教育し、その財産を管理するため、子どもの父母に与えられた権利と義務の総称です。父母が婚姻関係にあるときは共同で行使するものですが、離婚する場合はどちらか一方を「親権者」として定めなければなりません。「親権」を持つか持たないかは、離婚後の子どもとの関係を決めるもっとも重要な要素です。

協議離婚の場合は、離婚届に親権者の記載欄があり、この欄を埋めなければその離婚届は受理されません。受理されると、親権者が戸籍に記載されます。なお、離婚後に子どもが父母いずれの姓（苗字）を名乗るかという問題と、親権者の問題は別なので、たとえば父親の姓のままで、親権者は母、ということもあります。

また、仮にあなたが親権者でなくなっても、親子関係が切れるわけではありません。なかには、「離婚したのを機に、子どもとも縁を切って出直したい」と考える人もいるかもしれませんが、日本の法律上では、子どもと縁を切ることはできません。**親子関係が残るからこそ、親として子どもを扶養する義務、具体的には養育費を支払う義務が残る**のです。

それと同時に親としての権利も残ります。これは親が子どもを扶養する義務とは反対に、親が子どもに養ってもらう権利です。普段は問題になりませんが、将来子どもが立派になって、あなたが生活に困ったようなときには、子どもに養ってもらう権利があるわけです。

⦿親権と監護権

親権者は子どもの監護や教育をする権利、子どもの住む場所を決める権利、子どもの代わりに契約などをする権限などを有しています。そのため、親権者は子どもの面倒をみて、子どもと一緒に暮らす権利を持ちます。

親権のうち、子どもの監護や教育をする権利のことを、特に「監護権」といいます。これは、子どもと一緒に生活する権利と考えてもいいでしょう。先ほど、離婚後は父親か母親のどちらか一方を親権者として定めなければならないと述べましたが、父親を親権者、母親を監護権者というように分け、子どもは監護権者の母親と一緒に暮らすということも一応は可能です（図4－1）。

親権と監護権を分ける場合、親権の中心は法定代理権となってきます。法定代理権とは、子どもの代わりに契約などをする権利のことです。具体的には、子どもの名義で裁判をしたり遺産分割をしたり不動産を売ったりする権利を指します。交通事故などのもめ事で子どもが損害賠償を請求したり、賠償を請求されたりというような際に、法定代理権を持つ親が諸々の手続きを行います。法定代理権は、法律上はとても重要なものなのですが、実際に行使する場面に遭遇することは多くないと思われます。

その一方で、親権と監護権を分けると、親権者と監護権者の意見が対立したときなどに、子

図 4-1　親権と監護権

※監護権を持つ親が子どもと一緒に住める

どもが生活するうえで何らかの支障が出てくる恐れがあります。ですから、親権と監護権を分けることはあまり行われていません。実際には、「父母のどちらが子どもを育てるか」という、監護権を含めた親権（広い意味での親権）の問題となってきます。そこで、これ以降に本書で「親権」という場合は、監護権を含めるものとします。

なお、親権と監護権を分離することについて裁判所は消極的な姿勢をとっていますが、「父母による共同子育てが望ましい」という観点から、分離を支持する見解もあります。

◉親権者をどう決めるか

親権者をどちらにするのかが話し合いですんなり決まれば、その通りに離婚届に記入して終わりです。しかし、お互いに親権を要求して譲らない場合はどうなるのでしょうか？　離婚届には親権者の記入欄があり、記入しないと受理されません。そのため、親権者が決まらない限り、協議離婚や調停離婚を成立させることはできないのです。この点が、決定を先延ばしにして離婚届を出すことができる慰謝料や財産分与などの離婚条件とは大きく異なります。

協議や調停でまとまらない場合、最後に行き着くのは訴訟です。訴訟になれば、最終的に親権者を決めるのは裁判官です。判決書の中に、どちらが親権者になるのかが明記されます。

裁判官が親権者を決める場合は、「父母のいずれを親権者とするのが子どもの利益及び福祉になるか」という観点から判断します。一般的には、諸事情を比較して総合的に判断するといわれていますが、多くの裁判例で挙げられているいくつかの基準があります。その中でも大きいのは、「現状維持の原則」と「母親優先の原則」の2つです。

現状維持の原則とは、「いま現在子どもの面倒をみている親を親権者とする」という原則です。離婚訴訟にまで進んでいる夫婦は、通常は別居しています。そのため、子どもは母親か父親のどちらか一方と一緒に生活していることになるのですが、その状況で問題なく暮らせているのであれば、子どもを混乱させないためにも、現状を維持させようという考え方です。

母親優先の原則とは、その言葉通り、子どもが乳幼児のうちは、母親と一緒にいたほうがいいという原則です。

◉親権者となるための基本戦略

本書の読者のみなさんにとってはたいへん酷な話ですが、図４－２（１７８ページ）を見てもわかるように、離婚件数は大きく増加しているにもかかわらず、夫が子どもの親権者となった離婚の数はこの50年近くほとんど変わりません。絶望的な気持ちになるかもしれませんが、こういった現状を踏まえたうえでの具体的な対策をいくつか紹介しますので、決して希望を捨てず、最後まで戦い抜いてください。

①妻による子どもの連れ去りに注意

妻と別居している状況で、妻が子どもの面倒をみている場合は、あなたが親権を取得することは、事実上不可能に近いといえます。

妻が子どもを虐待しているといった深刻な問題があれば別ですが、たとえ妻が一方的に子どもを連れて別居したとしても、そうした事情はほとんど考慮されません。これでは単に「先に連れて行ったもの勝ち」ということになり、納得しかねると思う人がいるのも当然です。しか

図 4-2　親権者別にみた離婚件数と、親が離婚をした未成年者の数

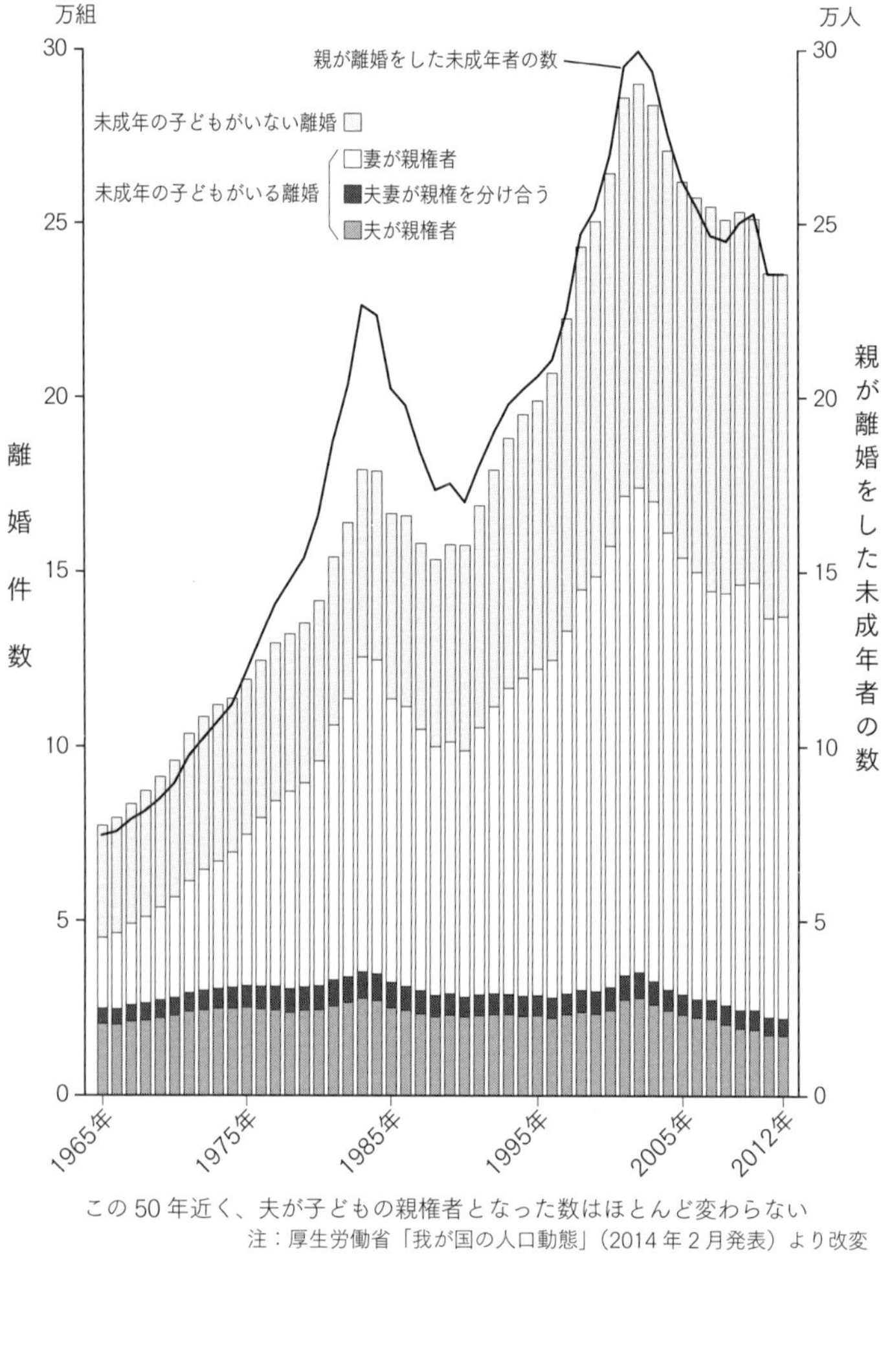

この 50 年近く、夫が子どもの親権者となった数はほとんど変わらない
注：厚生労働省「我が国の人口動態」（2014 年 2 月発表）より改変

し、これが現在の日本の司法運用の状況です。

そのため、あなたが子どもの親権者となることを望んでいる場合は、妻が一方的に子どもを連れて別居を始めてしまわないように注意しなければなりません。とはいえ、日中外で働いている男性にできることは限られていますが、妻が子どもを連れて家を出ていく気配を察知した段階で、以下のような対策をとることはできるかもしれません。

ひとつは、自分の親を自宅に呼び、妻の行動に注意をはらってもらうこと、もうひとつは、保育園に事情を話し、妻による子どもの連れ去りの危険があることを伝えておくことです。また、妻の実家に受け入れを拒否するように申し入れておくこともできるかもしれません。その場合、「子どもの奪い合いになることを避けるために、別居する前にきちんと話し合いたい」と言えば、妻の親の理解も得やすいでしょう。

②ハーグ条約締結の影響を注視する

２０１４年、欧米諸国が加盟しているハーグ条約にようやく日本も加盟しました。ハーグ条約は、あくまで国際間の離婚に適用されるものですが、その基本には、「夫婦が一緒に暮らしている状況で一方の配偶者が勝手に子どもを連れ出して別居するのは違法である」という考えがあります。このような価値観に基づく条約が日本にも入ってくることで、現状維持の原則が見直しを迫られる可能性は高いと思います。

つまりハーグ条約の影響により、日本国内の離婚でも、親権をめぐる裁判所の運用が大幅に変わっていく可能性があります。たとえば一方的な連れ出し別居に対して現状維持の原則が適用されなくなり、双方の監護状況を慎重に比較検討し、どちらが親権者としてふさわしいかを判断するという方向に変わっていくことが期待できます。

ですから、妻が一方的に子どもを連れ出して別居した場合は特に、ハーグ条約加盟以前の裁判所の運用を前提にして「親権者となるのは無理だ」とあきらめるのではなく、子どもの監護についての具体的な計画を説明して、自分が親権者になることが子どもにとってより適切である旨をしっかり主張していくことをおすすめします。

実際、裁判官や弁護士向けの専門書では、現状維持の原則及び母親優先の原則について、裁判官がより実質的に考えるようになっているという記載もあります。「母親だから」「現状維持だから」ではなく、主たる監護者はどちらか、主たる監護者と子どもとの関係はどうか、子どもの監護環境を変えることによる影響を重視すべきか、などを実質的に考えるのです。

もちろん裁判官は各自の考えに従って判断するため、直ちに状況が劇的に変わるという期待はできないかもしれませんが、考え方が変わり始めていることは確かでしょう。

③親権者となることに固執しない

そもそも、あなたが親権を望む本当の理由はなんでしょうか。

親権を失ったら子どもと会う機会がほとんどなくなってしまうのではないか、ということが重要な問題なのであれば、親権がなくても、充実した面会交流（１８３ページ）の約束をとりつけることで、子どもと会う機会をある程度は確保できる可能性があります。

親権者となることばかりに固執せず、面会交流を積極的に要求し、子どもと接する時間をできるだけ長く確保できるように交渉することもひとつの方法です。面会交流の要求のしかたについては、面会交流の基本戦略の項（１８６ページ）で詳しく説明します。

また、子どもの教育方針について妻に任せきりにすることが不安なのであれば、進学先の決定、通塾などの教育方針については父親と協議のもとに決める旨を、離婚協議書に書いておくという対処法もあります。

まとめ

- **未成年の子がいる夫婦が離婚する際には、どちらか一方を親権者に定める**
- **親権の争いは父親にとって不利だが、今後変わっていく可能性もある**
- **親権を持つことに固執せず、面会交流を積極的に要求する手もある**

column

子どもが妻の再婚相手と養子縁組したら？

別れた妻が浮気相手と再婚し、その相手と子どもとが養子縁組したら、子どもの親権はどうなるのでしょうか。

この場合、養父（浮気相手）が親権者になります。あなたとしては、子どもまで浮気相手にとられてしまうようで、二重のショックに見舞われるかもしれません。

では、別れた妻の再婚相手と子どもが養子縁組するのを防ぐことはできるでしょうか？

ここで親権と監護権の話になります。日本の司法運用の下では、親権と監護権は分けないのが一般的です（174ページ）。ただし、妻が浮気相手と再婚する可能性があるような場合には、離婚の際に子どもの監護権を妻に委ねたとしても、親権だけはあなたが手放さずに持っておくことを検討してください。

なぜなら、子どもが15歳未満の場合、親権者の承諾がない限り、子どもと養親となろうとする者の合意のみで養子縁組することはできないからです。つまり、あなたが親権を持っていれば、勝手に養子縁組されてしまう事態は防ぐことができます。

また、養父が子どもの親権者となってしまったら、離婚の際に約束されていた子どもとの面会交流についても、養父の意向によっては、その機会が失われてしまうようなことも考えられます。

これについても、あなたが親権を持っていれば「養子縁組を認めるかわりに、子どもとは従来通りに面会させてほしい」などと、養父と交渉する余地が残ります。

2 面会交流……子どもと会うためにはどうすればいい？

⦿面会交流とは？

面会交流（面接交渉ともいう）とは、父親と母親が別居や離婚によって別々に暮らしている場合に、子どもと一緒に暮らしていない親が、子どもと会うことをいいます。

民法では面会交流について、「子の利益を最も優先して考慮しなければならない」と定めています。離れて住む親とも継続的な交流を保つことで、子どもはどちらの親からも愛されていると感じ、親の離婚というつらい出来事から立ち直ることができると考えられているからです。

面会交流では、離婚後に親権者となった親がもう一方の親に子どもを会わせようとしない場合や、離婚前でも別居が始まっている場合が問題となります。たとえば母親が子どもを連れて別居したため、父親が子どもに会えないということで、離婚調停中に別途、面会交流の調停を申し立てることも増えています。

◉面会交流の実際

法律で面会交流の重要性をうたっているにもかかわらず、私たちの事務所がこれまでに扱った案件をみる限り、**子どもと離れて暮らしている父親が、母親と同居している子どもとすんなり会えるケースは多くありません。**

人それぞれに事情はありますが、大方の母親は子どもを父親に面会させることに消極的です。まず、「離婚でもめている相手に子どもを会わせたくない」と思う人は少なくありません。また、実際に面会させるとなった場合、子どもが小さければひとりで会いに行かせるわけにもいかず、別居中または離婚した夫と顔を合わせなければなりません。顔を合わせたくないといっても、半日から1日、母親に代わって子どもの付き添いをしてくれる協力者をみつけるのは難しい人もいます。

そのため、まだ離婚が成立していない場合は、母親側から「面会交流は離婚が成立してから」と提案されることがあります。この提案には調停委員も同調することが多く、夫側は「離婚するまでの辛抱だ」と渋々同意してしまいます。しかし実際に離婚してみると、「別れた妻はまったく子どもに会わせてくれない。だまされた！」というケースもよくあります。

しかし、それまで一緒に生活してきた父親に「会わせない」とか「1ヵ月に1回くらいなら会わせてやる」というのはずいぶんとひどい話ではないでしょうか。離婚前であれば、その時点では共同親権者なわけですからなおのことです。妻が子どもを連れて一方的に別居を開始したケースであれば、なおさら不当な扱いといわざるを得ません。

さらにいえば、親の都合で父親と離ればなれにされてしまった子どもにとっても、その後、父親とほとんど会えなくなるのはよいこととはいえないでしょう。

面会交流の実施に、母親にとって前述のような負担があることは、子どもと父親との交流に消極的になる理由にはなりません。親権者として子どもの面倒をみる責任を引き受けるのであれば、面会交流にともなう負担も当然引き受けなければなりません。また「子どもが父親に会いたくない」と言っているという理由で面会交流を拒むとなれば、子どもを強い葛藤に追い込んでいる疑いが濃厚といえます。いずれにせよ、親権者としての適格性に疑問を持たざるを得ない対応といえます。

このような夫側の理屈は、子どもの情緒の安定などを理由に、裁判所ではなかなか汲んでくれないこともあります。しか

し、理屈自体は決しておかしいわけではないので、堂々と主張していきましょう。

ただし、夫側の面会交流に対して裁判所側が冷淡な姿勢をとることがあるのにも理由があります。なかには、本当に子どもに会いたいのではなく交渉材料として会うケース、母親（妻）に会う口実として利用するケース、嫌がらせとして面会交流を要求しているケースなどもあるからです。

そのように思われないためには、あなたも「子どもとの面会が実現できるなら多少の面倒や苦労はいとわない」という姿勢を示す必要があります。「子どもを交渉材料にしているのではなく、心から子どもに会いたい、一緒に過ごしたいと望んでいるからこそ面会交流を希望している」ということを積極的に訴えていくことが大切です。

⦿面会交流の基本戦略

ここでは現在の裁判所の運用を踏まえて、面会交流を実現するための基本戦略を説明します。

①面倒なことをいとわない

「本来なら普通に会えるはずの子どもに会うために、苦労をしなければならないなんておかしい。親権は譲っているのだから、面会のための送迎などの面倒は母親が負って当然」という考えもっともだと思います。ただ、面会交流を実現するためには、妻側との協議や面会日時の具体的な調整など、さまざまな手続きをいとわないことも大切です。

もともと面会交流に消極的な妻側は、面会交流を先延ばしにしようとします。ですから、ただ要望を伝えるだけでは子どもに会えない期間が長くなり、父と子が交流しない状態が恒常化してしまうことになりかねません。そうなると子どもは、少なくとも表面上は「お父さんに会いたい」と言わなくなってしまう場合もあり、面会交流の機会はますます遠のいてしまいます。

②面会交流の調停を申し立てる

妻側が面会交流の要求になかなか応じない場合は、面会交流の調停を申し立てるのがいいでしょう。調停を申し立てた場合、仮に当事者間で合意が成立しなくても審判に移行し、最終的には裁判所が判断します。現在の裁判所は、基本的に面会交流が子どものためになると考える傾向があるので、面会交流が認められる可能性は大きいのです。

また、離婚が成立する以前の別居期間中の場合は、面会交流の調停を申し立てることがより重要な意味合いをもちます。そこまでしないと、裁判所や妻側に「本当は子どもに会いたいわけでもないのに、揺さぶりをかけるために子どもを利用している」などと思われかねないからです。

さらに、あなたが親権を求めている場合は、面会交流の調停を申し立てることで、離婚訴訟に進んだときにも、「本気で子どもに会いたい、子どもと暮らしたい、そのためには多少の苦労もいとわない」という姿勢が裁判所に伝わる可能性があります。仕事との兼ね合いで負担になることがあるかもしれませんが、多少の犠牲は覚悟しましょう。

なお、離婚後であっても、親権者変更の余地は残されていますから（191ページ）、あなたの子どもに対する姿勢を裁判所に伝える必要性に、変わりはありません。

③調停委員や裁判所の意見にひるまない

いざ面会交流の話になると、「月に1回、ファミレスで数時間」「会えるのは父親だけで祖父母はダメ」など、厳しい制限をつけられることが少なくありません。「毎週会いたい」「泊まりがけで一緒にすごしたい」「祖父母にも面会させたい」など、ごく普通に思える要求も、相手の弁護士、調停委員、裁判官から難色を示されてしまうことは珍しくありません。これが現在の司法の実情です。

しかし、調停委員や相手の弁護士のそのような考えにひるまずに、「毎月2回の泊まりがけの面会交流は妥当なものであり、社会通念に照らしても過分な要求ではない」といった訴えを続けていくことが大切です。

④面会交流を求め、それに対する相手の行動を記録する

再三にわたって面会交流を拒否されたり、約束はしたものの実際は会えなかったりという状況が続くようであれば、そもそも母親の親権者または監護権者としての適格性に疑問が生じます。

その場合は、そういった事実を記録に残しましょう。ただし、漠然と「何度も面会交流を要求しているのに会わせてもらえなかった」というのでは説得力がありません。何月何日にどのように要求し、それについて母親側はどういう対応をしたのか、という事実を詳細に記録してください（190ページ図4－3）。そうしておけば、母親が親権者・監護権者としてふさわしくないことを証明する資料として説得力をもちます。そのうえで、親権者・監護権者変更の調停の申立をすることも考える必要があります。

その結果、親権者や監護権者の変更がかなえば、それに越したことはありません。そこまでいかなくても、こうした一連の手続きの過程を経ることで、確実に面会交流が実現する可能性が高まります。

図 4-3　面会交流要求に対する妻の対応の記録例

年月日	夫からの要求内容	妻の対応
H26.1.23	月に１回の面会を要求。初回は２月の土日のうちの１日はどうかと提案	２月の土日はすべて予定が入っている。平日は無理なのであきらめろとのこと（証拠としてメールあり）
H26.1.24	２月がダメなら３月の可能な日を指定するよう連絡し、3月22日（土）13時～19時まで面会の約束をとりつける（証拠としてメールあり）	
H26.3.21		子どもが会いたくないと言い出したので明日の面会はキャンセルしてほしいと、夜の９時に携帯にメールで連絡がくる（証拠としてメールあり）

⑤面会交流の方法を詳細に決めておく

面会交流は、父母双方の都合や、子どもの状況に照らして臨機応変に行う必要があるため、調停では、「月1回程度」「日時、場所、方法などについては子の福祉にかんがみ双方で協議して定める」といった取り決めにすることが多いです。

しかし、その後相手方がこの約束を守らなかった場合、この程度のざっくりした取り決めでは後述する間接強制（１９２ページ）という方法をとることはできません。間接強制が認められるためには、相手方がすべき行為の内容が明確になっていなければならないからです。ですから、面会交流の日時、場所、子どもを引き渡す方法などを、事前に具体的に決めておく必要があります。

相手方と信頼関係が築ける場合や、予定を決めかねる場合には、融通のきく取り決めで十分ですし、あまり細かく定めるとかえって不都合が出てくる場合もあります。しかし、面会交流の実施に不安がある場合には、方法を詳細に取り決めておくことが、面会交流の不履行を防ぐことになります。

⑥約束が守られないときは、親権者・監護権者の変更を申し立てる

そこまで頑張って面会交流の約束をとりつけたにもかかわらず、面会交流の約束を相手が守

らないときはどうしたらいいのでしょう?

1つ目の手段としては、「間接強制」という強制執行を申し立てることです。これにより、「もし約束通り子どもに会わせなかった場合には制裁金を科す」という圧力を裁判所からかけてもらいます。ただし、この手段は、面会交流の方法が具体的に決まっていないと使えないこともあるので注意しましょう。

2つ目は、約束をしたにもかかわらず子どもに会えなかった、という精神的苦痛の損害賠償を求めて慰謝料請求訴訟を起こすという手段です。

いずれの手段も、直接子どもに会える方法ではなく、**お金を利用して間接的に圧力をかけるという方法なので、妻側が本気で開き直った場合には限界があります。**

3つ目は、最終手段として親権者・監護権者の変更を求める調停を申し立てる方法があります。

こちらが子どもの面倒をみることができる状況にある場合、「面会交流をする気がない母親は親権者(監護権者)としての責任を果たしていないから、自分が親権(監護権)をもつべきだ」として、変更を求めるのです。

その際、先述したように、あなたが面会交流を要求した際の相手の対応を詳細な記録として残しておくと、母親が親権者・監護権者として適格でないことを裏づける資料となります。

こうした努力の結果、あなたが望んだ通りに親権者（監護権者）の変更が認められた場合、今度はあなた自身の手で、子どもが父親と母親の双方と自然に交流できるような面会交流の形を、ぜひ実現させてください。

まとめ
- 面会交流は、親だけでなく子どもにとっても重要と考えられている
- 面会交流を実現するには、心から子どもに会いたいという姿勢を示す
- 事前に面会交流の方法を詳細に決め、拒否されたらその経緯を詳細に記録しておく

離婚のリアルストーリー

【ケース９】別居後２年以上子どもと会えずにいるＩさん

：33歳／結婚歴７年／妻はパート社員／子ども１人

ある日、会社から帰ると妻子が消えていた。どうやら妻が子どもを連れて家を出て行ったらしい。なんてことだ。こんなドラマのようなことが、僕の身に起こるなんて。

何回か妻の携帯電話に連絡して、ようやくつながった。「君が出て行くのはしかたがない。でも、子どもには会わせてくれ」と伝えるが、妻からは「いまは無理」の言葉しか聞けなかった。

そのうち妻の弁護士から連絡があり、調停が始まった。調停でも僕は「まずは子どもに会わせてほしい」と伝えたのだが、調停委員は「離婚の話が続いている間は、子どものためにも会わないほうがいい」と言う。それでも要求を続けていたら、調停委員がこんなことを言った。「お子さんはお父さんとは会いたくないそうですよ」

……そ、そんなはずはない！　自慢じゃないが、僕は仕事よりも子どもが優先、会社では「社内一のイクメン」として社内報に取り上げられたほどだ。事実、子どもは自分になついていた。妻が嘘をついているか、子どもに無理に言わせているに違いない。

そのうち妻が、「自分と子どもの生活費を支払ってほし

い」と言い出した。僕は「子どもと会えたら支払ってもいい」と答えたが、調停委員からは「婚姻費用と面会交流は別問題」と強く言われ、支払う約束をさせられた。結局、子どもとは会えないまま、生活費だけ支払わされていたが、そのお金が本当に子どものために使われたのかどうかもわからない。

結局、調停では離婚の交渉はまとまらず、離婚訴訟になった。訴訟では自分が子どもを育てられる環境にあることを強調した。僕の実家はいまの住まいの近くにある。もし子どもがこちらに帰ってくることができたら、実家の両親に助けてもらいながら子どもを育てる自信は十分ある。僕にとって、子どもと会えなくなるのは到底耐えられることではない。親権だけは譲れない。

しかし訴訟には敗れ、子どもは母親と暮らすことになった。日本の現状では、これがごく普通の結末らしい。判決書には、「子どもと月に1回程度の面会はできる」と書いてあったが、母親は何かと理由をつけて子どもを僕に会わせないようにしている。養育費はしっかり支払っているが、妻が出て行ったときから2年以上経っても未だに子どもと会えない状況が続いている。

子どもは現在5歳。この子が大人になったとき、僕に会いに来てくれるだろうか。僕がお父さんだと気づいてくれるだろうか……。

どうすればよかった？

妻が突然子どもを連れて出て行った場合、現状では夫が親権者となるのは難しい状況にあります。ただ、「連れて行ったもの勝ち」という現状の問題点については、マスコミでも取り上げられ始めていますし、このような問題点を裁判官も徐々に理解し始めています。うまくいく可能性が高いとはいえませんが、いくつか対策をとることはできます。

①すぐに保全処分を申し立てる

妻が子どもを連れて出て行ったことが判明した場合は、「子の監護者指定」「子の引き渡し」の調停または審判と保全処分を、早急に家庭裁判所に申し立てましょう。ここでいう「保全処分」とは、「最終的に親権者が定まるまでの間は父親である自分が子どもの面倒をみるのが相当なので、そのように定めてほしい」ということを裁判所に求めるものです。「勝手な連れ去りは許さない」ということを、裁判所に毅然とした態度で示す行動でもあります。

日本の裁判所が、妻による子どもの連れ去りに寛容な背景には、「子どもだけ置いて出て行かれても困る」という父親が多いという事情があります。ですから、「自分はそういう父親ではない、子の監護を妻に任せた覚えはない」ということを裁判手続きで明確にする必要があります。

保全処分がうまくいけば、子どもは戻ってきます。そのまま子どもと暮らせば、「現状維持の原則」を主張することができます。また、仮にうまくいかなくても、そのような行動をとったことが、今後親権を決めるうえで、あなたに有利な要素として働くでしょう。

②面会交流を求める調停を申し立てる

保全処分がうまくいかなかった場合は、面会交流を求めます。できるだけ形に残る方法で行ったほうがよいので、場合によっては離婚調停とは別立てで、新たに調停を申し立ててもいいでしょう。

面会交流がうまくいけば、子どもと会って良好な関係を作ります。Ｉさんのように積極的に育児にかかわってきた場合には、これまでと同じように接していれば、すぐにいい関係に戻れるでしょう。その関係を続けていけば、裁判などで親権を主張しやすくなります。

ただし、**面会した後にそのまま子どもを連れ去ってはいけません。**それをした時点で親権取得は絶望的になります。なぜ妻は連れ去ってもよくて、自分はダメなのかと思われるかもしれません。それはもっともな意見ですが、現在の日本の司法運用上は、最初の連れ去りだけが大目にみられ、奪い返すような行為をした場合は裁判官の心証が非常に悪くなるどころか、場合によっては誘拐事件として刑事告訴されることにもなりかねないのです。

③面会交流に応じられない理由を書面でもらう

相手が面会交流に応じない場合は、それをできるだけ記録に残る形にします。具体的には、「○月○日電話で交渉するも○○という理由で断られる」といった記録を自分でつけるのです。相手に弁護士がついている場合には、書面で回答をもらってください。弁護士がついていない場合には、「書面での回答には応じられない」と言われる可能性が高いです。その場合も、できればメールでの回答を求めてください。

その回答には、子どもが会いたくないと言っているからなど、面会交流に応じられない理由もしっかり書いてもらいましょう。

これらの面会交流拒否の資料は、離婚訴訟の際に提出します。あなたが親権者となるうえで有利な材料になるからです。離婚は子どもにとって大きな負担であり、片親と会えなくなることはつらく悲しい出来事です。その悲しい出来事をしっかりフォローできるかどうかが、親権者の適格性についての重要な判断材料となります。
ですから、あなたの「子どもに会いたい」という要望に対して、
・誠実に回答しない→子どもの気持ちをフォローできない親は親権者として失格
・「大きな負担となるから避けたい」と回答→面倒だからといって子どもにとって重要な面接の機会を奪う親は、親権者としてふさわしくない
・「子どもが会いたくないと言っている」と回答→虐待もないのに、子どもが実の父親に会いたくないと言っているというのはおかしい。母親が子どもの意に沿わないことを言わせている、または、母親が父親を嫌うように仕向けている、と考えられる。いずれにしろ子どもを監護する立場としてふさわしくない
という反論ができます。つまり、書面で回答をもらうことによって、相手に親権者としての適格性がないという証拠をそろえることができるのです。このような証拠があれば、親権をめぐる裁判でも有利になってくる可能性があります。仮に親権がとれなくても、妻側がこのままの対応では親権を失いかねないと思うようになれば、面会交流については積極的な対応をせざるを得なくなります。その結果、土日は子どもと一緒にすごせるなど、頻繁な面会交流を実現できる可能性も高まります。

あとがき

私たちの事務所のホームページに「特集！　男の離婚」を掲載して以降、離婚問題に悩み、失望している男性がいかに多いかということを改めて認識しました。

妻が子どもを連れて突然実家に帰ってしまい、子どもと会えなくなったSさん、妻から離婚訴訟を起こされ、関係修復の道を求めて法律相談に行ったら「離婚したほうがよい」と説得されたFさん、自分の親の資金援助で購入した自宅まで、妻に財産分与を主張されていたTさん……。それぞれにさまざまな悩みを抱えて相談に来られました。また、すでに離婚が成立した後に問題が生じたり、訴訟の判決が出てから相談にいらした方も少なくありませんでした。

私たちの事務所では、少しでもそんな方々の力になりたいと男性側の離婚案件を多く扱ううちに、ノウハウを獲得するとともに現在の離婚司法の抱える問題点を認識するようになり、法律相談に来られた方々には、私たちが獲得したノウハウや問題点を伝えることで、解決の力添えもできました。こうした経験を生かして、離婚問題に悩んでいるひとりでも多くの男性に希望を見出してほしいと考えているとき、本書を出版する機会をいただいたのです。

本書には、現時点で私たちの事務所が考え得る離婚問題への対応のしかたを、可能な限り網羅しました。もちろん、今後も離婚問題に関する男女の格差を少しずつでも解消すべく努力を惜しまないつもりです。数年後には、本書の内容や『男の離婚術』という本書の題名が「古臭い」といわれる状況にしていければと考えています。

読者のみなさんの中には、本書で例に挙げたケースと同じような状況に陥っている方もいることでしょう。ただ、当然のことではありますが、夫婦や家族のあり方は、これといった正解のないものですし、同じ離婚案件はこの世に二つと存在しません。そのため、本書に書かれていることだけでは、あなたの悩みをすべて解決することはできないかもしれません。

そのようなときは一人で悩まず、私たち弁護士にいつでも相談してください。悩むのであれば、私たちと一緒に悩みに悩んで、あなたにとって、より良い解決を目指しましょう。

最後になりますが、離婚にかかわるあなたの悩みが解決し、幸せな日々がやってくることを祈っています。

2014年11月

弁護士法人マイタウン法律事務所 所属弁護士を代表して
「男の離婚」主任弁護士　柳下明生

[年収とは？]
給与所得者の場合……源泉徴収票の「支払金額」／自営業者の場合……確定申告書の「課税される所得金額」

【子１人の場合（子0～14歳）】

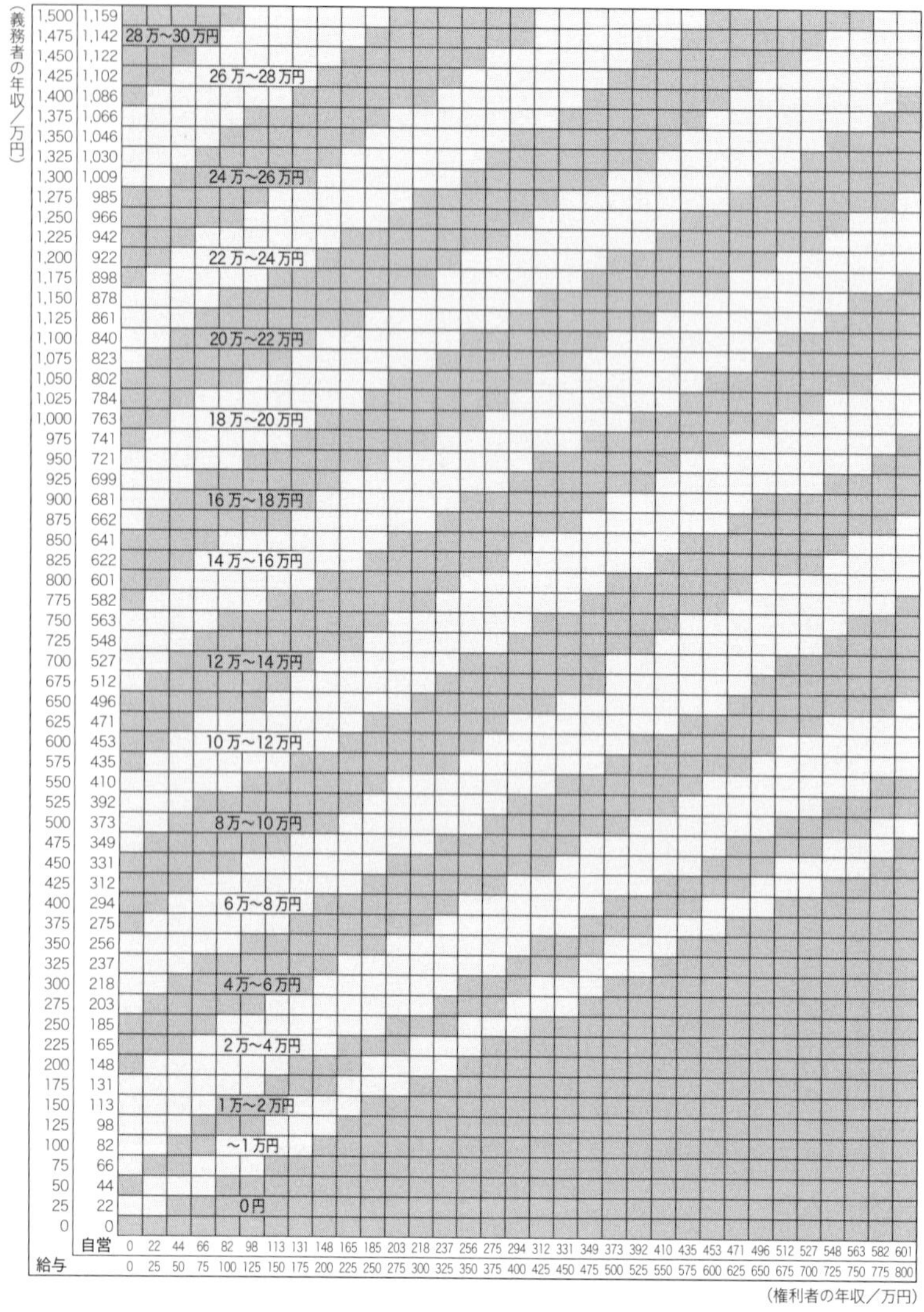

【 婚姻費用の算定表 】

家庭裁判所で婚姻費用（月額）を算定する際に目安としている資料から２つのケースを抜粋し、一部改変して作成しました。

【 夫婦のみ 】

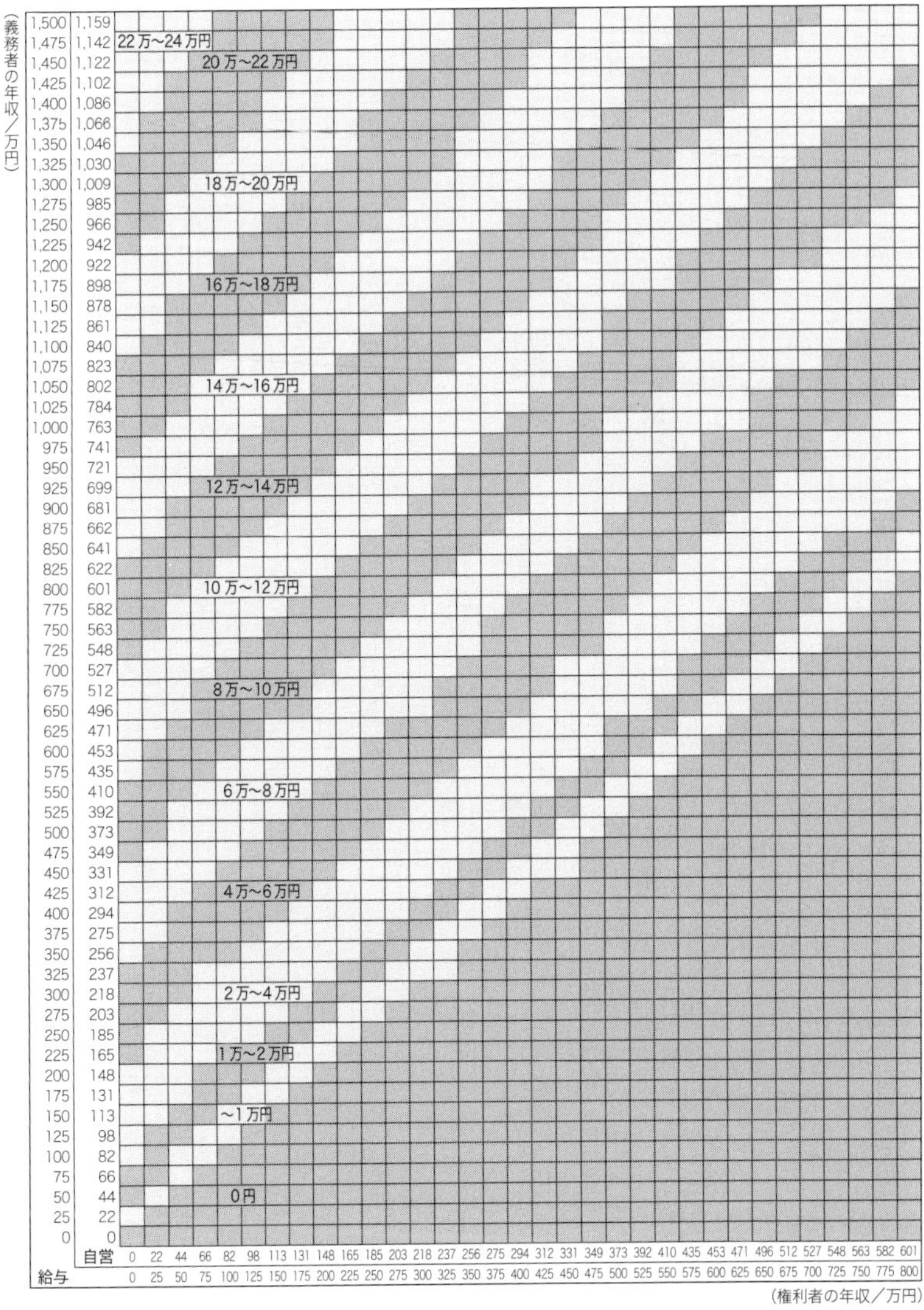

［年収とは？］
給与所得者の場合……源泉徴収票の「支払金額」／自営業者の場合……確定申告書の「課税される所得金額」

【子２人の場合（第１子及び第２子０～14歳）】

26万〜28万円
24万〜26万円
22万〜24万円
20万〜22万円
18万〜20万円
16万〜18万円
14万〜16万円
12万〜14万円
10万〜12万円
8万〜10万円
6万〜8万円
4万〜6万円
2万〜4万円
1万〜2万円
0〜1万円

（義務者の年収／万円）

自営	給与
1,159	1,500
1,142	1,475
1,122	1,450
1,102	1,425
1,086	1,400
1,066	1,375
1,046	1,350
1,030	1,325
1,009	1,300
985	1,275
966	1,250
942	1,225
922	1,200
898	1,175
878	1,150
861	1,125
840	1,100
823	1,075
802	1,050
784	1,025
763	1,000
741	975
721	950
699	925
681	900
662	875
641	850
622	825
601	800
582	775
563	750
548	725
527	700
512	675
496	650
471	625
453	600
435	575
410	550
392	525
373	500
349	475
331	450
312	425
294	400
275	375
256	350
237	325
218	300
203	275
185	250
165	225
148	200
131	175
113	150
98	125
82	100
66	75
44	50
22	25
0	0

権利者の年収（自営）: 0, 22, 44, 66, 82, 96, 113, 131, 148, 165, 185, 203, 218, 237, 256, 275, 294, 312, 331, 349, 373, 392, 410, 435, 453, 471, 496, 512, 527, 548, 563, 582, 601

権利者の年収（給与）: 0, 25, 50, 75, 100, 125, 150, 175, 200, 225, 250, 275, 300, 325, 350, 375, 400, 425, 450, 475, 500, 525, 550, 575, 600, 625, 650, 675, 700, 725, 750, 775, 800

（権利者の年収／万円）

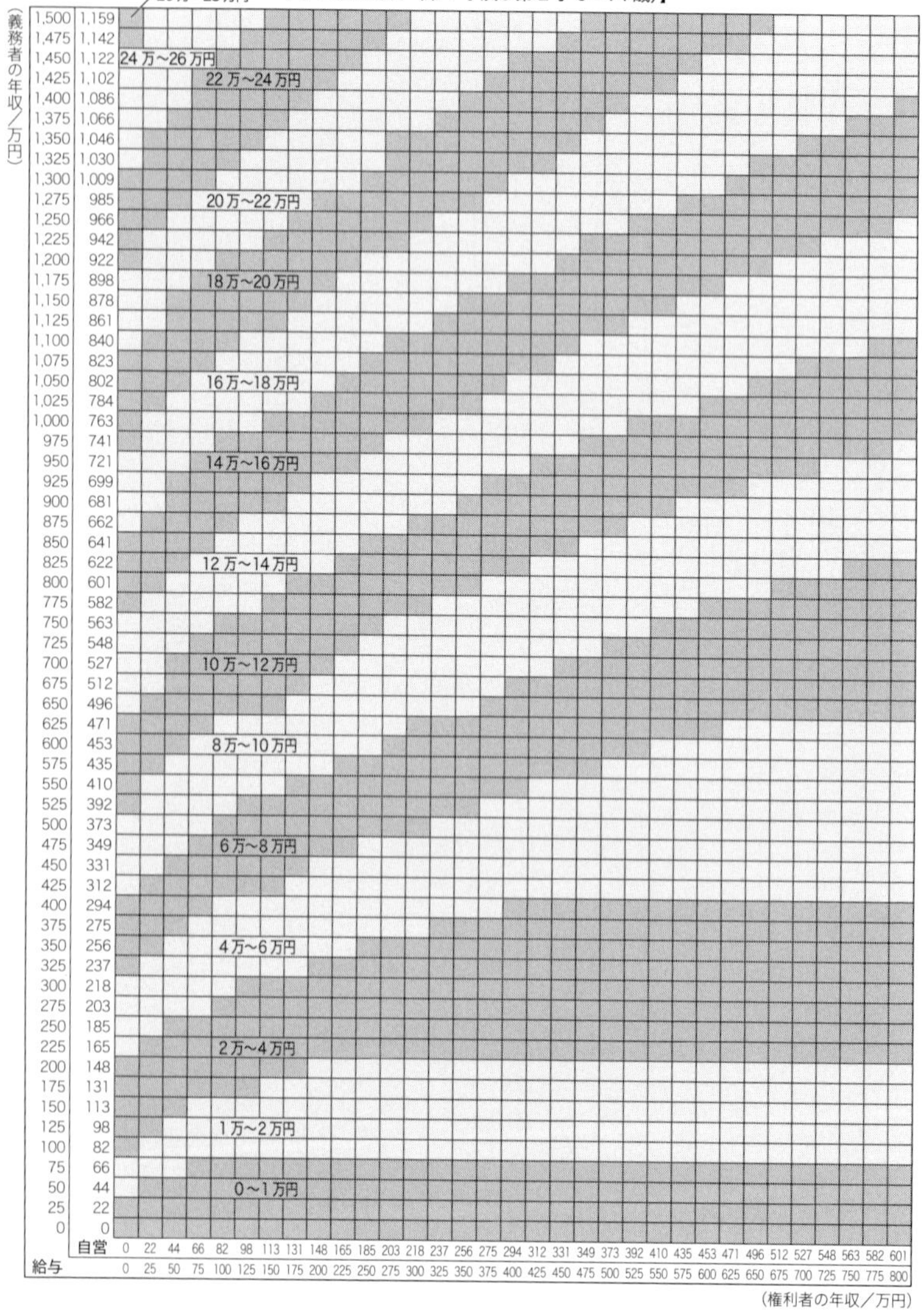

【養育費の算定表】

家庭裁判所で養育費（月額）を算定する際に目安としている資料から2つのケースを抜粋し、一部改変して作成しました。

【子1人の場合（子0〜14歳）】

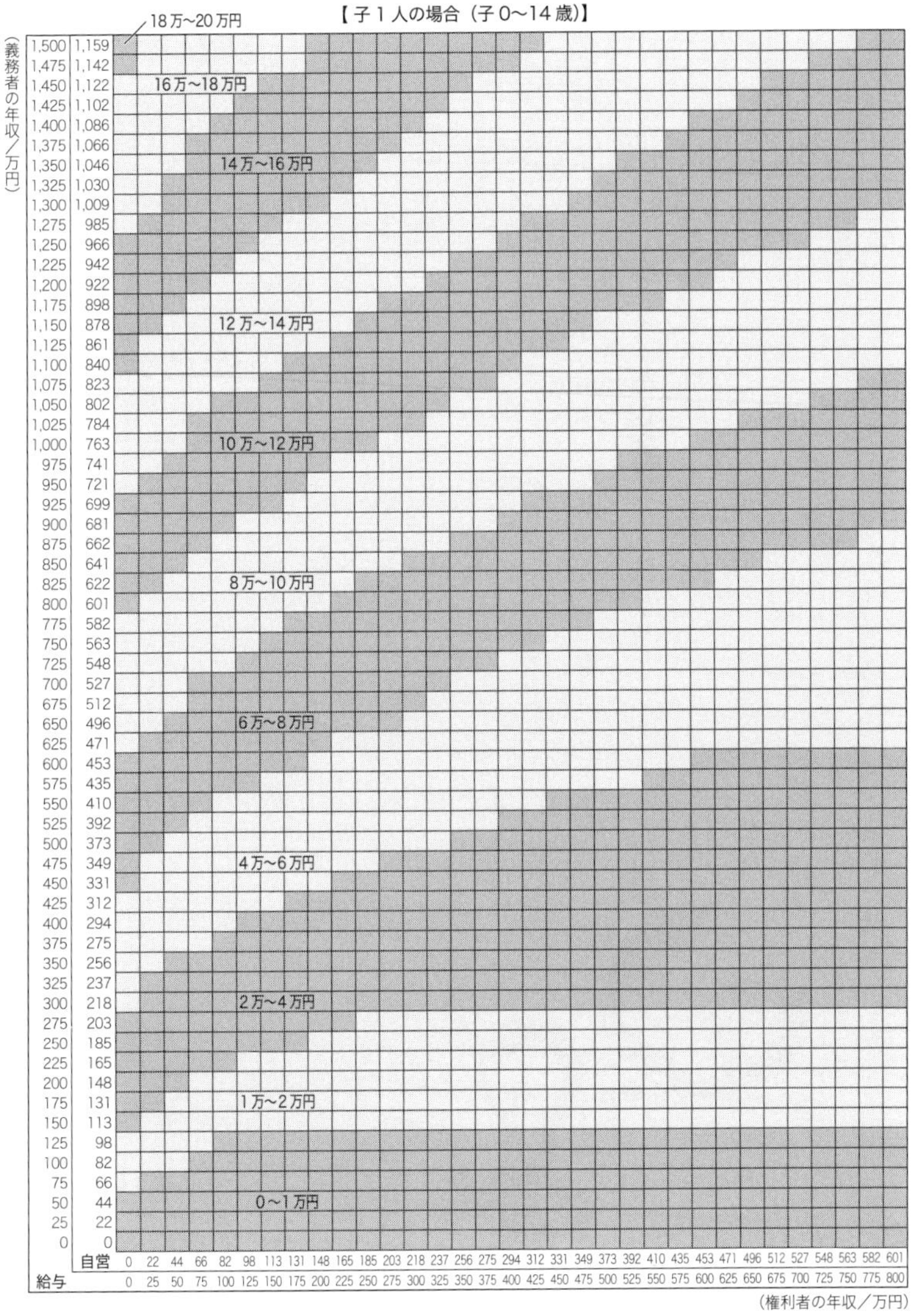

| 著　者 | 弁護士法人マイタウン法律事務所
神奈川県に５拠点、東京に１拠点を持つ、2004年開設の法律事務所。個人法務分野において県内最大級の実績をもつ。年間2000件を超える新規法律相談を実施し、なかでも離婚相談は年間450件を超える。豊富な実績をもとに、離婚をはじめ、相続・交通事故・労働問題など、個人に関わる案件を幅広く扱っている。

男《おとこ》の離《り》婚《こん》術《じゅつ》　弁護士が教える「勝つための」離婚戦略

2014年12月11日　第１刷発行
2023年２月６日　第６刷発行

著　者　弁《べん》護《ご》士《し》法人《ほうじん》マイタウン法律《ほうりつ》事《じ》務《む》所《しょ》
発行者　鈴木章一
発行所　株式会社講談社
東京都文京区音羽二丁目12－21　郵便番号112－8001
電話番号　編集　03－5395－3560
販売　03－5395－4415
業務　03－5395－3615
印刷所　株式会社新藤慶昌堂
製本所　株式会社国宝社

ISBN978-4-06-219281-1
N. D. C. 367　205p　19cm